KB198191

완벽한 이해를 돕는
최고의 일본어 책

확신의 일본어 첫걸음

저자 김다혜(다도센세)

국립 우츠노미야 대학(国立宇都宮大学)에서 국제학과 학사 과정을 수료하고 동대학 대학원 석사 과정을 수료하여 각각 두 편의 논문을 작성하였다. 대학에서는 일본 내 페루 이주자들의 자녀들을 위한 일본어 교육 봉사 활동에 적극 참여하여 일본어 교육에 대한 꿈을 키웠다. 그 후 일본의 한 기업에서 사회생활을 하였고, 약 10년간의 현지 생활을 통해 회화와 문어 표현의 일본어는 물론 대학, 회사 생활을 비롯하여 다채로운 일본 사회를 경험하였다.

주요 인터넷 강의 출연으로는 [야나두 현지 일본어 첫걸음], [가벼운 학습지 Lv1, 2], [에듀티비 현지에서 일본어로 살아남기]가 현재 공개 또는 방영 중에 있다.

저서로는 [확신의 일본어 여행], [야나두 현지 일본어 첫걸음](야나두×다락원) 등이 있다.

현재 오프라인, 온라인 강의를 비롯한 일본과 일본어에 관련된 강연 등의 활발한 활동을 하고 있다.

확신의 일본어 첫걸음

지은이 김다혜(다도센세)
초판 1쇄 인쇄 2025년 2월 10일
초판 1쇄 발행 2025년 2월 17일

발행인 박효상 **편집장** 김현 **기획·편집** 장경희, 오혜순, 이한경, 박지행 **디자인** 임정현
마케팅 이태호, 이전희 **관리** 김태옥

기획·편집 진행 김진아 **삽화** 조윤 **본문·표지 디자인** 신세진 **조판** 황미연

종이 월드페이퍼 **인쇄·제본** 예림인쇄·바인딩

출판등록 제10-1835호 **발행처** 사람in
주소 04034 서울시 마포구 양화로 11길 14-10 (서교동) 3F
전화 02) 338-3555(代) **팩스** 02) 338-3545 **E-mail** saramin@netsgo.com
Website www.saramin.com

책값은 뒤표지에 있습니다.
파본은 바꾸어 드립니다.

ISBN
979-11-7101-135-3 14730
979-11-7101-134-6 (세트)

우아한 지적만보, 기민한 실사구시 사람in

완벽한 이해를 돕는
최고의 일본어 책

확신의 일본어 첫걸음

저자 **김다혜**(다도센세)

사람in
saram in.com

머리말

안녕하세요.
다도센세입니다.

이 책을 선택해 주신 여러분께 진심으로 감사의 말씀을 전합니다.
'일본어를 공부한다'는 새로운 목표를 가지고 이 책을 펼치셨을 여러분의 첫걸음을 돕기 위해 체계적이고 쉬운 설명으로 기초학습책을 구성하였습니다. 넓은 세상과 소통할 여러분께 이 책 한 권을 통해 그 영역과 역량을 넓혀 드릴게요!

저 다도센세가 만나본 학습자들의 일본어를 공부하는 이유는 크게 세 가지로 나눌 수 있었는데요.
먼저 '일본 여행에서 자유롭게 이야기하고 싶다'는 마음으로 일본어에 관심을 갖고 배움으로 실천하는 학습자들이 정말 많았습니다.
두 번째, '취업, 이직, 승진, 워킹 홀리데이 등 직업과 관련'해서 일본어 자격증이 필요한 상황도 있었고요.
세 번째, '일본으로 유학'가기 위해 그 꿈을 가지고 기초부터 학습하고자 하는 학생들도 있었어요.

이렇게 일본어를 공부하는 이유는 다 다르지만, 목표는 같다고 볼 수 있어요. 그 목표는 바로 일본어의 기초를 탄탄히 다져 레벨 업해 나가는 것이죠! 이를 위해서는 올바른 기초 책이라는 벗과 함께 일본어 기초 내용이 차곡차곡 입력되어 있어야 하고, 그래야 다음 스텝으로 전진할 수 있습니다.

일본어 기초 학습은 크게 '명사-형용사-동사'의 순으로 진행되는데, 모든 학습 단계마다 명확한 목표를 설정하고, 다양한 예문과 연습 문제를 통해 자연스럽게 일본어에 익숙해지도록 구성하였습니다.

저는 방송채널 에듀TV를 비롯하여 야나두, 가벼운 학습지 등 다양한 플랫폼에서 일본어 강의를 촬영하고, 많은 학생들을 가르친 경험이 있습니다. 이러한 풍부한 강의 경험을 바탕으로 이 책을 집필하였으며, 효과적이고 체계적인 학습 방법을 여러분과 공유하고자 합니다.

'목적은 우리 삶에 의미를 부여하고,
어떤 어려움에도 흔들리지 않게 해주는 강력한 힘이다.'

제가 정말 좋아하는 문구인데요. 우리는 하루하루를 허투루 보내기 일쑤지만, 어떠한 목적을 가지고 그 목적을 위해 나아가는 한 발 한 발이 자기 자신을 성장시켜주는 원동력이 될 거예요.
단 1cm씩이더라도 성장해 나갈 겁니다. 저와 함께 일본어를 한 장, 한 장 차곡차곡 해 나간다면 삶의 의미와 성장속도도 커져 나갈 거예요.

저자 김다혜 (다도센세)

목차

이 책의 구성과 특징

이 책은 명사, 형용사, 동사의 순으로 진행되며, 문법 활용에 대해 가감 없이 모두 소개하는 것이 특장점입니다. 기존의 기초 책들은 간결하고 간단하게 설명하는 데에 중점을 두지만, 그렇게 학습하다 보면 나중에 생기는 문법의 공백을 메우기가 쉽지 않습니다. 그 불편함과 학습의 역행을 방지하고자 경우의 수를 모두 소개하고 쉽고 빠르게 탄탄한 기초를 다지는 데에 주력했습니다.

1 예문과 설명이 풍부한 '문법'

각 장마다 중요한 문법 포인트를 상세히 설명하고, 이를 쉽게 이해할 수 있도록 다양한 예문을 제공합니다. 각 문법 사항마다 구체적인 설명을 배치하여 독학으로도 충분히 학습할 수 있으며, 실제 다도센세의 수업을 듣는 듯한 느낌으로 공부할 수 있어요.

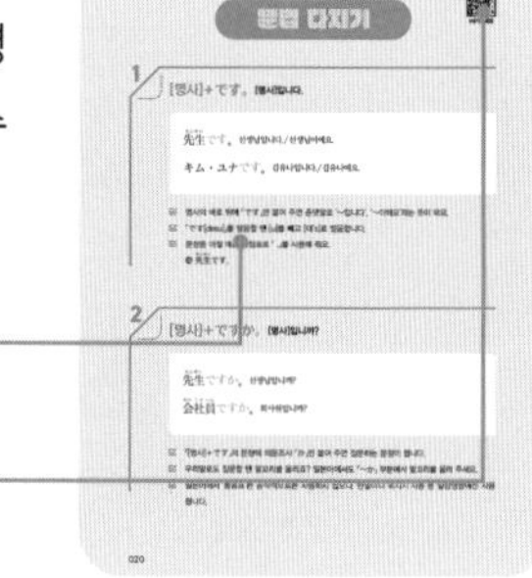

하나의 문법에 달린 구체적인 설명

QR 코드를 찍으면 원어민 선생님의 발음과 함께 다도센세의 설명을 직접 들을 수 있습니다.

2 해당 문법을 모두 사용한 '회화문'

학습한 문법을 실제 회화에서 어떻게 사용하는지 보여 주는 예시 대화문을 통해 실생활에 바로 적용할 수 있는 능력을 길러 줍니다. 기존의 딱딱한 회화문이 아닌, 배운 문법을 활용하여 실제 대화에서 직접 사용할 수 있는 리얼리티 넘치는 회화문으로 구성했습니다.

또 회화문과 해석만 주고 끝내는 게 아니라, 회화문 속에 녹아 있는 해당 과의 문법 사항을 2차적으로 짚어 나갑니다. 해석을 함께 배치하여 학습이 수월하도록 도왔습니다.

'회화문'에 대한 설명을 선생님이 옆에서 알려 주듯, 문법은 물론 반드시 짚어야 할 단어나 문화적 요소도 함께 정리했어요.

3 학습한 문법을 토대로 점검해 나가는 '문제'

해당 과의 문법과 예문, 회화문 등을 통해 학습한 내용을 복습하고 정리할 수 있는 다양한 필수 문제들이 아래의 네 가지 유형으로 구성되어 있습니다.

- **단어 맞히기**
  배운 단어의 한자를 눈으로 익히고 읽는 방법을 확인하는 문제 : 컴퓨터, 스마트폰의 사용으로 일본에서도 눈으로만 한자를 골라 사용하는 상황이 많으니 눈으로 그 모양을 익혀 나가는 연습을 합니다.
- **문장 만들기**
  주어진 단어와 문법을 활용하여 문장을 완성하는 문제
- **말하고 쓰기**
  배운 내용을 바탕으로 실제로 말해 보는 연습
- **청해**
  일본어 듣기 능력을 향상시키기 위한 청취 연습

QR코드를 찍으면 다도센세가 직접 강의한 문제 3번의 예제 설명을 들을 수 있습니다.

탄탄한 구성에 문제 분량도 풍부해, 다양한 방면에서 여러분의 일본어 실력을 강화하는 데 도움이 될 것입니다.

4 활용하세요

각 장 끝에 '+(플러스)' 학습 페이지를 마련하여, 어휘나 문법, 일본어 학습에 필요한 꿀팁 등, 해당 학습에서 필요로 하는 추가 학습 자료나 알아 두면 좋을 내용을 제공합니다. 이 페이지를 통해 더 깊이 있게 학습을 할 수 있으며, 학습하면서 생긴 궁금증 해소도 가능하여, 일본어 학습에 대한 흥미를 높일 수 있습니다.

오십음도(五十音図)

ひらがな

	あ단	い단	う단	え단	お단
あ행	あ a	い i	う u	え e	お o
か행	か ka	き ki	く ku	け ke	こ ko
さ행	さ sa	し shi	す su	せ se	そ so
た행	た ta	ち chi	つ tsu	て te	と to
な행	な na	に ni	ぬ nu	ね ne	の no
は행	は ha	ひ hi	ふ hu	へ he	ほ ho
ま행	ま ma	み mi	む mu	め me	も mo
や행	や ya		ゆ yu		よ yo
ら행	ら ra	り ri	る ru	れ re	ろ ro
わ행	わ wa				を o
	ん n				

カタカナ

	ア단	イ단	ウ단	エ단	オ단
ア행	ア a	イ i	ウ u	エ e	オ o
カ행	カ ka	キ ki	ク ku	ケ ke	コ ko
サ행	サ sa	シ shi	ス su	セ se	ソ so
タ행	タ ta	チ chi	ツ tsu	テ te	ト to
ナ행	ナ na	ニ ni	ヌ nu	ネ ne	ノ no
ハ행	ハ ha	ヒ hi	フ hu	ヘ he	ホ ho
マ행	マ ma	ミ mi	ム mu	メ me	モ mo
ヤ행	ヤ ya		ユ yu		ヨ yo
ラ행	ラ ra	リ ri	ル ru	レ re	ロ ro
ワ행	ワ wa				ヲ o
	ン n				

발음

탁음(자음의 추가①)

MP3 002

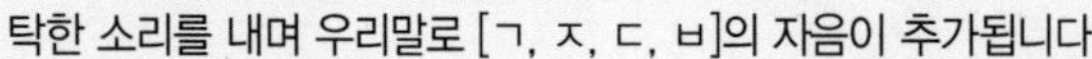
탁한 소리를 내며 우리말로 [ㄱ, ㅈ, ㄷ, ㅂ]의 자음이 추가됩니다.

が행	が ga	ぎ gi	ぐ gu	げ ge	ご go
ざ행	ざ za	じ zi	ず zu	ぜ ze	ぞ zo
だ행	だ da	ぢ zi	づ zu	で de	ど do
ば행	ば ba	び bi	ぶ bu	べ be	ぼ bo

※「じ」와「ぢ」,「ず」와「づ」의 발음은 같아요.

반탁음(자음의 추가②)

「は행」에서만 일어나며 우리말로 [ㅍ]에 해당하는 자음이 추가돼요.

は행	ぱ pa	ぴ pi	ぷ pu	ぺ pe	ぽ po

요음(모음의 추가)

'い단 글자(자음의 역할)와「や・ゆ・よ」가 하나의 음'을 이루며 우리말로 [ㅑ, ㅠ, ㅛ]의 모음이 추가돼요.
이때「や・ゆ・よ」는 작게「ゃ・ゅ・ょ」로 표기하고 앞의 い단 글자와 함께 한 글자 취급이 되어 발음합니다.

+	や	ゆ	よ
き	きゃ kya	きゅ kyu	きょ kyo

ぎ	ぎゃ gya	ぎゅ gyu	ぎょ gyo
し	しゃ sya	しゅ syu	しょ syo
じ	じゃ ja	じゅ ju	じょ jo
ち	ちゃ cha	ちゅ chu	ちょ cho
に	にゃ nya	にゅ nyu	にょ nyo
ひ	ひゃ hya	ひゅ hyu	ひょ hyo
び	びゃ bya	びゅ byu	びょ byo
ぴ	ぴゃ pya	ぴゅ pyu	ぴょ pyo
み	みゃ mya	みゅ myu	みょ myo
り	りゃ rya	りゅ ryu	りょ ryo

장음(길게 발음하기)

MP3 **003**

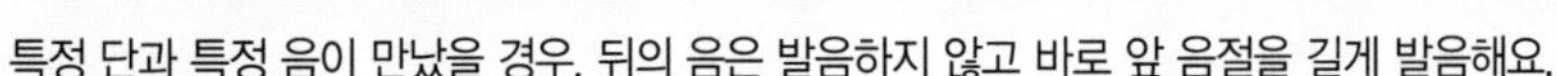

특정 단과 특정 음이 만났을 경우, 뒤의 음은 발음하지 않고 바로 앞 음절을 길게 발음해요.

❶ あ단 + あ

おかあさん [오카－상] 어머니
あ단+あ

おばあさん [오바－상] 할머니
あ단+あ

❷ い단 + い

おにいさん [오니－상] 오빠
い단+い

おいしい [오이시－] 맛있다
い단+い

❸ **う단 + う**

くうき [쿠-키] 공기
う단+う

にほんふう [니혼후-] 일본풍
う단+う

❹ **え단 + い・え**

けいれき [케-레키] 경력
え단+い

おねえさん [오네-상] 언니
え단+え

❺ **お단 + う・お**

おとうさん [오토-상] 아버지
お단+う

とおい [토-이] 멀다
お단+お

❻ **カタカナ의 장음 : –**

ハンバーガー [함바-가-] 햄버거

ラーメン [라-멘] 라면

촉음(받침①)

「つ」를 작게 「っ」로 표기한 것으로 뒤에 오는 글자에 따라 발음이 달라지며 [받침]의 역할을 해요.

❶ **か행 앞에서 ㄱ(k)**

にっき [닉키] 일기

サッカー [삭카-] 축구

❷ **さ행 앞에서 ㅅ(s)**

ざっし [잣시] 잡지

けっせき [켓세키] 결석

❸ **た행 앞에서 ㄷ(d)**

きって [킫떼] 우표

行(い)ってきます [읻떼키마스]
다녀오겠습니다

❹ **ぱ행 앞에서 ㅂ(p)**

りっぱ [립파] 훌륭함

いっぱい [입파이] 가득

「ん」의 발음(받침②)

MP3 004

❶ か、が행 앞에서는 [ng]로 발음

ぶんか [붕카] 문화　　　　おんがく [옹가쿠] 음악

[か·が행]은 입이 한껏 열려 있어요. 열리는 입에 자연스러우려면 받침에서도 입이 열려 있어야 하겠죠.

❷ ま、ば、ぱ행 앞에서는 [m]으로 발음

がんばる [감바루] 열심히 하다　　　　さんま [삼마] 꽁치

[ま·ば·ぱ행]은 우리의 입이 다물어져야 나는 소리이기 때문에 앞의 받침도 자연스럽게 닫힌 입으로 소리가 마무리 되는 [ㅁ받침]으로 나아갑니다.

❸ さ、ざ、た、だ、な、ら행 앞에서는 [n] 으로 발음

せんせい [센세-] 선생님　　　　おんな [온나] 여자

かんじ [칸지] 한자　　　　かんり [칸리] 관리

[か·が행]보단 덜 열린 입, [ま·ば·ぱ행]보단 열린 입으로 받침은 중간의 [ㄴ]이 자연스러워요.

❹ あ、は、や、わ행 앞 혹은 단어의 끝에서 [n, ng]의 사이 발음

にほん [니혼/니홍] 일본　　　　ふんわり [훈와리/훙와리] 폭신폭신

こんや [콘야/콩야] 오늘밤

[ㅇ받침]으로 시작하지만, 마지막에 [ㄴ받침]의 발음으로 잡아준다는 느낌으로 내뱉기!

100% 우리말 발음으로 표현하긴 힘들지만 이해를 위해 한글로 발음을 표기했어요.

ひらがな 쓰기

あ행

あ	아 /a/	あ				
い	이 /i/	い				
う	우 /u/	う				
え	에 /e/	え				
お	오 /o/	お				

か행

か	카 /ka/	か				
き	키 /ki/	き				
く	쿠 /ku/	く				
け	케 /ke/	け				
こ	코 /ko/	こ				

が행

が	가 /ga/	が				
ぎ	기 /gi/	ぎ				
ぐ	구 /gu/	ぐ				
げ	게 /ge/	げ				
ご	고 /go/	ご				

さ행

さ	사 /sa/	さ				
し	시 /shi/	し				
す	스 /su/	す				
せ	세 /se/	せ				
そ	소 /so/	そ				

ざ행

ざ	자 /za/	ざ				
じ	지 /zi/	じ				
ず	즈 /zu/	ず				
ぜ	제 /ze/	ぜ				
ぞ	조 /zo/	ぞ				

た행

た	타 /ta/	た				
ち	치 /chi/	ち				
つ	츠 /tsu/	つ				
て	테 /te/	て				
と	토 /to/	と				

だ행

だ	다 /da/	だ				
ぢ	지 /zi/	ぢ				
づ	즈 /zu/	づ				
で	데 /de/	で				
ど	도 /do/	ど				

な행

な	나 /na/	な				
に	니 /ni/	に				
ぬ	누 /nu/	ぬ				
ね	네 /ne/	ね				
の	노 /no/	の				

は행

は	하 /ha/	は				
ひ	히 /hi/	ひ				
ふ	후 /hu/	ふ				
へ	헤 /he/	へ				
ほ	호 /ho/	ほ				

ば행

ば	바 /ba/	ば				
び	비 /bi/	び				
ぶ	부 /bu/	ぶ				
べ	베 /be/	べ				
ぼ	보 /bo/	ぼ				

ぱ행

ぱ	파 /pa/	ぱ				
ぴ	피 /pi/	ぴ				
ぷ	푸 /pu/	ぷ				
ぺ	페 /pe/	ぺ				
ぽ	포 /po/	ぽ				

ま행

ま	마 /ma/	ま				
み	미 /mi/	み				
む	무 /mu/	む				
め	메 /me/	め				
も	모 /mo/	も				

は행

や	야 /ya/	や				
ゆ	유 /yu/	ゆ				
よ	요 /yo/	よ				

ば행

ら	라 /ra/	ら				
り	리 /ri/	り				
る	루 /ru/	る				
れ	레 /re/	れ				
ろ	로 /ro/	ろ				

わ행

わ	와 /wa/	わ				
を	오 /o/	を				

ん	응 /m, n, ŋ/	ん				

요음

きゃ 캬 /kya/	きゃ		きゅ 큐 /kyu/	きゅ		きょ 쿄 /kyo/	きょ	
ぎゃ 갸 /gya/	ぎゃ		ぎゅ 규 /gyu/	ぎゅ		ぎょ 교 /gyo/	ぎょ	
しゃ 샤 /sya/	しゃ		しゅ 슈 /syu/	しゅ		しょ 쇼 /syo/	しょ	
じゃ 쟈 /ja/	じゃ		じゅ 쥬 /ju/	じゅ		じょ 죠 /jo/	じょ	
ちゃ 챠 /cha/	ちゃ		ちゅ 츄 /chu/	ちゅ		ちょ 쵸 /cho/	ちょ	
にゃ 냐 /nya/	にゃ		にゅ 뉴 /nyu/	にゅ		にょ 뇨 /nyo/	にょ	
ひゃ 햐 /hya/	ひゃ		ひゅ 휴 /hyu/	ひゅ		ひょ 효 /hyo/	ひょ	
びゃ 뱌 /bya/	びゃ		びゅ 뷰 /byu/	びゅ		びょ 뵤 /byo/	びょ	
ぴゃ 퍄 /pya/	ぴゃ		ぴゅ 퓨 /pyu/	ぴゅ		ぴょ 표 /pyo/	ぴょ	
みゃ 먀 /mya/	みゃ		みゅ 뮤 /myu/	みゅ		みょ 묘 /myo/	みょ	
りゃ 랴 /rya/	りゃ		りゅ 류 /ryu/	りゅ		りょ 료 /ryo/	りょ	

カタカナ 쓰기

ア행

ア	아 /a/	ア				
イ	이 /i/	イ				
ウ	우 /u/	ウ				
エ	에 /e/	エ				
オ	오 /o/	オ				

カ행

カ	카 /ka/	カ				
キ	키 /ki/	キ				
ク	쿠 /ku/	ク				
ケ	케 /ke/	ケ				
コ	코 /ko/	コ				

ガ행

ガ	가 /ga/	ガ				
ギ	기 /gi/	ギ				
グ	구 /gu/	グ				
ゲ	게 /ge/	ゲ				
ゴ	고 /go/	ゴ				

サ행

サ	사 /sa/	サ				
シ	시 /shi/	シ				
ス	스 /su/	ス				
セ	세 /se/	セ				
ソ	소 /so/	ソ				

ザ행

ザ	자 /za/	ザ				
ジ	지 /zi/	ジ				
ズ	즈 /zu/	ズ				
ゼ	제 /ze/	ゼ				
ゾ	조 /zo/	ゾ				

タ행

タ	타 /ta/	タ				
チ	치 /chi/	チ				
ツ	츠 /tsu/	ツ				
テ	테 /te/	テ				
ト	토 /to/	ト				

ダ행

ダ	다 /da/	ダ				
ヂ	지 /zi/	ヂ				
ヅ	즈 /zu/	ヅ				
デ	데 /de/	デ				
ド	도 /do/	ド				

ナ행

ナ	나 /na/	ナ				
ニ	니 /ni/	ニ				
ヌ	누 /nu/	ヌ				
ネ	네 /ne/	ネ				
ノ	노 /no/	ノ				

ハ행

ハ	하 /ha/	ハ				
ヒ	히 /hi/	ヒ				
フ	후 /hu/	フ				
ヘ	헤 /he/	ヘ				
ホ	호 /ho/	ホ				

バ행

バ	바 /ba/	バ				
ビ	비 /bi/	ビ				
ブ	부 /bu/	ブ				
ベ	베 /be/	ベ				
ボ	보 /bo/	ボ				

パ행

パ	파 /pa/	パ				
ピ	피 /pi/	ピ				
プ	푸 /pu/	プ				
ペ	페 /pe/	ペ				
ポ	포 /po/	ポ				

マ행

マ	마 /ma/	マ				
ミ	미 /mi/	ミ				
ム	무 /mu/	ム				
メ	메 /me/	メ				
モ	모 /mo/	モ				

ヤ행

ヤ	야 /ya/	ヤ				
ユ	유 /yu/	ユ				
ヨ	요 /yo/	ヨ				

ラ행

ラ	라 /ra/	ラ				
リ	리 /ri/	リ				
ル	루 /ru/	ル				
レ	레 /re/	レ				
ロ	로 /ro/	ロ				

ワ행

ワ	와 /wa/	ワ				
ヲ	오 /o/	ヲ				

ン	응 /m, n, ŋ/	ン				

요음

キャ 캬 /kya/	キャ		キュ 큐 /kyu/	キュ		キョ 쿄 /kyo/	キョ	
ギャ 갸 /gya/	ギャ		ギュ 규 /gyu/	ギュ		ギョ 교 /gyo/	ギョ	
シャ 샤 /sya/	シャ		シュ 슈 /syu/	シュ		ショ 쇼 /syo/	ショ	
ジャ 쟈 /ja/	ジャ		ジュ 쥬 /ju/	ジュ		ジョ 죠 /jo/	ジョ	
チャ 챠 /cha/	チャ		チュ 츄 /chu/	チュ		チョ 쵸 /cho/	チョ	
ニャ 냐 /nya/	ニャ		ニュ 뉴 /nyu/	ニュ		ニョ 뇨 /nyo/	ニョ	
ヒャ 햐 /hya/	ヒャ		ヒュ 휴 /hyu/	ヒュ		ヒョ 효 /hyo/	ヒョ	
ビャ 뱌 /bya/	ビャ		ビュ 뷰 /byu/	ビュ		ビョ 뵤 /byo/	ビョ	
ピャ 퍄 /pya/	ピャ		ピュ 퓨 /pyu/	ピュ		ピョ 표 /pyo/	ピョ	
ミャ 먀 /mya/	ミャ		ミュ 뮤 /myu/	ミュ		ミョ 묘 /myo/	ミョ	
リャ 랴 /rya/	リャ		リュ 류 /ryu/	リュ		リョ 료 /ryo/	リョ	

01

私は会社員じゃありません。

わたし　かいしゃいん

나는 회사원이 아닙니다.

문법 포인트

- 직업, 국적에 대한 명사 익히기
- 명사의 긍정 정중형 : ~입니다
- 명사의 부정 정중형 : ~가 아닙니다
- 조사「は」
- 인칭대명사

학습 포인트

명사란 이 세상에서 이름 지을 수 있는 모든 것들을 이야기해요. 손에 쥘 수 있는 휴대폰, 코로 맡을 수 있는 냄새, 보이지 않는 공기, 사람들이 불러 주는 내 이름까지도요.

이번 파트의 명사는 직업과 국적으로 이야기를 진행해 보려 합니다. 그리고 명사 어휘를 익힘과 동시에 '① 학생입니다 ② 일본인이 아닙니다'와 같이 긍정문과 부정문에 대해 알아볼게요.

文法ぶんぽう

문법 다지기

MP3 005

1 [명사]+です。 [명사]입니다.

先生(せんせい)です。 선생님입니다./선생님이에요.

キム・ユナです。 김유나입니다./김유나예요.

- 명사의 바로 뒤에 「です」만 붙여 주면 존댓말로 '~입니다', '~이에요'라는 뜻이 돼요.
- 「です[desu]」를 발음할 땐 [u]를 빼고 [데's]로 발음합니다.
- 문장을 마칠 때는 마침표로 「 。」를 사용해 줘요.
  예 先生(せんせい)です。

2 [명사]+ですか。 [명사]입니까?

先生(せんせい)ですか。 선생님입니까?

会社員(かいしゃいん)ですか。 회사원입니까?

- 「[명사]+です」의 문장에 의문조사 「か」만 붙여 주면 질문하는 문장이 됩니다.
- 우리말로도 질문할 땐 말꼬리를 올리죠? 일본어에서도 「~か」 부분에서 말꼬리를 올려 주세요.
- 일본어에서 '물음표'는 공식적으로는 사용하지 않으나, 반말이나 메시지 사용 등 일상생활에선 사용됩니다.

3 [명사]+じゃありません。 [명사]가 아닙니다.

① 先生(せんせい)ではありません。
② 先生(せんせい)ではないです。
③ 先生(せんせい)じゃありません。
④ 先生(せんせい)じゃないです。

} 선생님이 아닙니다.

- ☑ 일본어 명사의 부정(정중형)은 총 네 가지가 있어요.
- ☑ 「では～」는 문어체로 격식 있는 자리나 비즈니스 일본어, 뉴스, 신문, 논문 등에서 볼 수 있는 말투예요.
- ☑ 「じゃ～」는 회화체로 보다 가볍고 편한 사이에서 사용되는 일상회화 말투입니다.
- ☑ ②번과 ④번의 「ないです」에서 「です」를 빼 주면 반말 형태가 됩니다

예 ② 先生(せんせい)ではないです。 선생님이 아닙니다. → 先生(せんせい)ではない。 선생님이 아니다.
④ 先生(せんせい)じゃないです。 선생님이 아닙니다. → 先生(せんせい)じゃない。 선생님이 아니다.

4 [조사] は ~은/는

私(わたし)は韓国人(かんこくじん)です。 나는 한국인입니다.

彼(かれ)は銀行員(ぎんこういん)です。 그는 은행원입니다.

- ☑ 히라가나 「は」가 조사로 사용될 때는 [ha]가 아닌 [wa]로 발음해야 해요.
- ☑ 우리말은 앞 글자의 받침 유무로 '은/는'을 나눠 사용하지만, 일본어는 「は」만 사용됩니다.

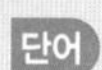

□ 先生(せんせい) 선생님 □ 会社員(かいしゃいん) 회사원 □ 韓国人(かんこくじん) 한국인 □ 銀行員(ぎんこういん) 은행원

5 인칭대명사

1인칭	私(わたし)	僕(ぼく)	私(わたくし)
	(일반적인) 나/저	(남자만 사용하는) 나	(매우 공손한) 저
2인칭	あなた		
	당신, 너		
3인칭	彼(かれ)	彼女(かのじょ)	
	그	그녀	

- ☑ 「私(わたくし)」는 매우 공손한 말이기 때문에 외국인의 입장에서 얘기할 일은 거의 없어요.
- ☑ 2인칭의 「あなた」는 '당신'이란 뜻으로, 한국에서도 잘 사용하지 않듯 일본도 그렇습니다. 2인칭은 '이름' 혹은 친한 사이에선 '별명(あだ名(な))'으로 부르는 게 일반적이죠.

  예 ~さん ~씨 / ~ちゃん ~야, ~짱

꿀팁+

어휘가 빨리 느는 방법! 비결은 한자에 있어요!

'회사원' 한 단어만 외우면 다음의 네 개의 명사가 따라옵니다.

1	2	3
会	**社**	**員**
かい	しゃ	いん
회	사	원

1. ①+② : 会社 かいしゃ 회사
2. ②+③ : 社員 しゃいん 사원
3. ①+③ : 会員 かいいん 회원
4. ②+① : 社会 しゃかい 사회

*각 한자가 갖고 있는 음을 파악하면 명사를 외우는 데에 도움이 됩니다.

*기초 때부터 한자를 유심히 보고 외워 나가면 어느새 모르는 단어의 음도 유추할 수 있게 돼요.

Q. 「韓国人(かんこくじん) 한국인」과 「先生(せんせい) 선생님」에서도 하나의 명사를 발견해 볼까요?

A. 「人」과 「生」을 각각 빼 오면 「人生(じんせい) 인생」라는 단어를 만들 수 있네요!

会話文かいわぶん

MP3 006

◆ 오늘 처음 만난 한국인 여성 김유나와 일본인 남성 아오키 히로가 첫인사를 나누고 있다.

ユナ　はじめまして。私(わたし)はキム・ユナと申(もう)します。
どうぞ、よろしくお願(ねが)いします。

ひろ　はじめまして。僕(ぼく)は青木(あおき)ひろと申(もう)します。
こちらこそ、よろしくお願(ねが)いします。

ユナ　ひろさんは日本人(にほんじん)ですか。

ひろ　はい、そうです。日本人(にほんじん)です。

ユナ　お仕事(しごと)は何(なん)ですか。

ひろ　僕(ぼく)はフリーターです。ユナさんは会社員(かいしゃいん)ですか。

ユナ　いいえ、私(わたし)は会社員(かいしゃいん)じゃありません。大学生(だいがくせい)です。

단어
□ **はじめまして** 처음 뵙겠습니다　□ **～と申(もう)します** ~라고 합니다　□ **どうぞ** 아무쪼록
□ **よろしくお願(ねが)いします** 잘 부탁합니다　□ **こちらこそ** 저야말로　□ **日本人(にほんじん)** 일본인　□ **お仕事(しごと)** 일, 직업
□ **フリーター** 아르바이트하며 생계를 이어 나가는 사람　□ **会社員(かいしゃいん)** 회사원　□ **大学生(だいがくせい)** 대학생

회화문 짚기

☑ 등장인물 「ひろ」는 왜 히라가나이고, 「ユナ」는 왜 가타카나일까?
일본인의 이름은 대개 히라가나로 표기하고 외국인의 이름이나 외래어는 가타카나로 표기합니다. 즉, 「ひろ」는 일본인, 「ユナ」는 외국인이라고 볼 수 있겠죠. 이 책에서 「ユナ」는 한국인 설정입니다.

☑ '나'를 말할 때, 대개 여자의 경우는 「私(わたし)」라고 하고, 남자의 경우는 「僕(ぼく)」나 「俺(おれ)」 등을 사용합니다. 「俺(おれ)」는 친한 친구 사이나 나보다 아랫사람에게 사용한다는 점에 주의해 주세요.

☑ 「はじめまして」는 '처음 뵙겠습니다'라는 뜻으로, 한국어로는 매우 딱딱하고 아무리 처음 보는 사이여도 잘 건네지 않는데요. 일본에서는 처음 봤으면 99%는 이 문장을 내뱉어 주셔야 합니다!

☑ 자신의 이름에 「と申(もう)します」를 붙여 '~라고 합니다'라는 자기소개 표현을 익혀 주세요.

☑ 「仕事(しごと)」는 '일'이라는 뜻인데, 상대방의 일이나 직업을 이야기할 때에는 「お」를 붙여 「お仕事(しごと)」라고 이야기합니다. 자신의 일이나 직업을 이야기할 때에는 「仕事(しごと)」로 표현할 것!
'직업'이라는 「職業(しょくぎょう)」라는 단어를 사용하여 「職業(しょくぎょう)は何(なん)ですか。직업은 무엇입니까?」라고 표현해도 됩니다.

☑ フリーター
'free arbeiter'의 약자로 '자유 노동자'라는 뜻으로, 정규직 취직이 아닌 아르바이트를 통해 생계를 유지하는 사람을 말해요.

해석

ユナ 처음 뵙겠습니다. 저는 김유나라고 합니다.
잘 부탁드리겠습니다.

ひろ 처음 뵙겠습니다. 저는 아오키 히로라고 합니다.
저야말로 잘 부탁드립니다.

ユナ 히로 씨는 일본인인가요?

ひろ 네, 맞아요. 일본인이에요.

ユナ 직업은 뭐예요?

ひろ 저는 후리타예요. 유나 씨는 회사원이에요?

ユナ 아니요, 저는 회사원이 아니에요. 대학생이에요.

問題もんだい

문제로 확인하기

MP3 007

1 **단어를 외워 봅시다.**

1 회사원 한자 : ______ 히라가나 : ______

2 선생님 ______ ______

3 일, 직업 ______ ______

4 대학생 ______ ______

Hint! 先生 会社員 韓国人 大学生 仕事 日本人

2 **문장을 만들어 봅시다.**

1 대학생입니다.

大学生(だいがくせい) ______。

2 회사원이 아닙니다. (부정 네 가지 표현)

会社員(かいしゃいん) ______。

会社員(かいしゃいん) ______。

会社員(かいしゃいん) ______。

会社員(かいしゃいん) ______。

3 처음 뵙겠습니다.

______。

4 직업은 무엇입니까?

______は何(なん)ですか。

5 히로 씨는 일본인이에요?

ひろさんは______ですか。

6 잘 부탁드립니다.

______。

3 말하고 써 봅시다.

예제

鈴木(すずき) 스즈키 씨 • 高校生(こうこうせい) 고등학생 • 大学生(だいがくせい) 대학생

A：鈴木(すずき)さんは高校生(こうこうせい)ですか。

스즈키 씨는 고등학생입니까?

B：① いいえ、鈴木(すずき)さんは高校生(こうこうせい)ではありません。大学生(だいがくせい)です。

② いいえ、鈴木(すずき)さんは高校生(こうこうせい)ではないです。大学生(だいがくせい)です。

③ いいえ、鈴木(すずき)さんは高校生(こうこうせい)じゃありません。大学生(だいがくせい)です。

④ いいえ、鈴木(すずき)さんは高校生(こうこうせい)じゃないです。大学生(だいがくせい)です。

아니요, 스즈키 씨는 고등학생이 아닙니다. 대학생입니다.

1 田中(たなか) 다나카 • 会社員(かいしゃいん) 회사원 • 銀行員(ぎんこういん) 은행원

A：＿＿＿＿＿ さんは会社員(かいしゃいん)ですか。

B：① ＿＿＿＿＿＿＿＿＿＿

② ＿＿＿＿＿＿＿＿＿＿

③ ＿＿＿＿＿＿＿＿＿＿

④ ＿＿＿＿＿＿＿＿＿＿

2 イ 이 • 医者(いしゃ) 의사 • 看護師(かんごし) 간호사

A：＿＿＿＿＿ さんは医者(いしゃ)ですか。

B：① ＿＿＿＿＿＿＿＿＿＿

② ＿＿＿＿＿＿＿＿＿＿

③ ＿＿＿＿＿＿＿＿＿＿

④ ＿＿＿＿＿＿＿＿＿＿

3 中村(なかむら) 나카무라 • 中国人(ちゅうごくじん) 중국인 • 日本人(にほんじん) 일본인

A : ＿＿＿＿＿ さんは中国人(ちゅうごくじん)ですか。

B : ① ＿＿＿＿＿＿＿＿＿＿

② ＿＿＿＿＿＿＿＿＿＿

③ ＿＿＿＿＿＿＿＿＿＿

④ ＿＿＿＿＿＿＿＿＿＿

✦✦✦ Tip! ✦✦✦

회화를 주로 하고 싶다면「～じゃないです」로 연습하면 좋아요!
일상회화의 느낌이 가장 강한 말투이면서, 정중형인「です」를 빼면 반말로도 이야기할 수 있기 때문이죠.
모두 일본인 친구를 사귀어 자유롭게 이야기하는 그날까지 파이팅!

4 들어 봅시다.

MP3 008

누구의 소개인지 듣고 맞춰 보세요.

1 ＿＿＿＿＿ 2 ＿＿＿＿＿

3 ＿＿＿＿＿ 4 ＿＿＿＿＿

① 

② 

③ 

④ 

⑤ 

⑥ 

어휘+

MP3 009

직업 관련 필수단어

- 学生(がくせい) 학생
- 会社員(かいしゃいん) 회사원
- 医者(いしゃ) 의사
- 公務員(こうむいん) 공무원
- 看護師(かんごし) 간호사
- 小学生(しょうがくせい) 초등학생
- 高校生(こうこうせい) 고등학생
- 先生(せんせい) 선생님
- 銀行員(ぎんこういん) 은행원
- シェフ 요리사
- 警察官(けいさつかん) 경찰관
- 主婦(しゅふ) 주부
- 中学生(ちゅうがくせい) 중학생
- 大学生(だいがくせい) 대학생
- フリーター 아르바이트 급여로 생계를 꾸려 나가는 사람
- エンジニア 엔지니어

국적 관련 필수단어

- 韓国人(かんこくじん) 한국인
- 中国人(ちゅうごくじん) 중국인
- イギリス人(じん) 영국인
- ドイツ人(じん) 독일인
- タイ人(じん) 태국인
- 日本人(にほんじん) 일본인
- アメリカ人(じん) 미국인
- ロシア人(じん) 러시아인
- イタリア人(じん) 이탈리아인
- ベトナム人(じん) 베트남인

これは何(なん)ですか。

이것은 무엇입니까?

문법 포인트

- '이것, 그것, 저것, 어느 것' 지시어 익히기
- 지시대명사의 종류
- 명사의 긍정문과 부정문
- 조사「の」
- 인칭대명사

학습 포인트

지난 파트에 이어 명사 두 번째 시간입니다.
이번에는 우리 생활 속에서 밀접한 명사들을 익히고 명사의 긍정문과 부정문에 대해서 학습할게요.
그리고 사용 방법이 세 가지나 되는 조사 「の」에 대해 상세히 학습해 볼게요.

문법 다지기

MP3 010

1 지시어 これ・それ・あれ・どれ 이것 · 그것 · 저것 · 어느 것

これは傘(かさ)です。 이것은 우산입니다.

それは辞書(じしょ)です。 그것은 사전입니다.

あれはお菓子(かし)です。 저것은 과자입니다.

どれですか。 어느 것입니까?

많이 쓰는 지시대명사

	こ	そ	あ	ど
사물	これ 이것	それ 그것	あれ 저것	どれ 어느 것
장소	ここ 여기	そこ 거기	あそこ 저기	どこ 어디
방향	こちら 이쪽	そちら 그쪽	あちら 저쪽	どちら 어느 쪽
+명사	この 이	その 그	あの 저	どの 어느

☑ 우리나라에선 '이・그・저・어느'가 지시어의 기본이죠. 일본어는 「코(こ)・소(そ)・아(あ)・도(ど)」로 외워 주세요.

☑ 방향의 지시대명사인 「こちら・そちら・あちら・どちら」는 회화에서 「こっち・そっち・あっち・どっち」로 잘 사용됩니다.

2 ~は何(なん)ですか。 ~은/는 무엇입니까?

A: これは何(なん)ですか。 이것은 무엇입니까?

B: それは椅子(いす)です。 그것은 의자입니다.

A: それは何(なん)ですか。 그것은 무엇입니까?

B: これは帽子(ぼうし)です。 이것은 모자입니다.

A: あれは何(なん)ですか。 저것은 무엇입니까?

B: あれは電話(でんわ)です。 저것은 전화입니다.

지시어의 사용

지시어	사용
これ	화자에게 가까운 물건
それ	상대방에게 가까운 물건
あれ	화자, 상대방 모두에게 먼 물건

단어 □ 傘(かさ) 우산 □ 辞書(じしょ) 사전 □ お菓子(かし) 과자 □ 椅子(いす) 의자 □ 帽子(ぼうし) 모자 □ 電話(でんわ) 전화

3 はい、[명사]+です。 예, [명사]입니다.

はい、財布(さいふ)です。 예, 지갑입니다.

はい、椅子(いす)です。 예, 의자입니다.

4 いいえ、[명사] + じゃありません。 아니요, [명사]가 아닙니다.

いいえ、財布(さいふ)ではありません。
いいえ、財布(さいふ)ではないです。
いいえ、財布(さいふ)じゃありません。
いいえ、財布(さいふ)じゃないです。
} 아니요, 지갑이 아닙니다.

- 명사의 부정은 1과에서도 배웠듯이 동일하게 네 가지입니다.
- 「では」는 문어체, 「じゃ」는 회화체로 나뉘어져 사용됩니다.
- 「~ないです」 패턴은 「です」의 유무로 존댓말과 반말을 모두 표현할 수 있기에 「じゃないです」가 회화에서 많이 사용되는 말투라고 생각해 주세요!

5 조사「の」

1) [명사]+の+[명사] [명사]의 [명사] 수식

日本語(にほんご)の先生(せんせい) 일본어 선생님

英語(えいご)の本(ほん) 영어 책

- ☑ 일본어는 명사와 명사 사이에「の」를 넣어 줍니다. 이때에「の」는 대부분 우리말 해석이 없습니다.
- ☑ 명사 간 소속, 재료 등의 관계를 나타내는 말입니다.

2) ~의 소유

私(わたし)の帽子(ぼうし) 나의 모자

鈴木(すずき)さんのケータイ 스즈키 씨의 휴대폰

3) ~의 것 대체명사

これは私(わたし)のです。 이것은 제 것입니다.

この車(くるま)はキムさんのです。 이 자동차는 김 씨의 것입니다.

私(わたし)の 나의 것 (내 꺼)

단어 □ **財布(さいふ)** 지갑 □ **椅子(いす)** 의자 □ **英語(えいご)** 영어 □ **本(ほん)** 책 □ **帽子(ぼうし)** 모자 □ **ケータイ** 휴대폰 □ **車(くるま)** 자동차

6 [명사]で、[명사]です。 [명사]이고, [명사]입니다.

あれは日本(にほん)のお菓子(かし)で私(わたし)のお土産(みやげ)です。

↑ **日本(にほん)のお菓子(かし)**(일본 과자 : 명사) + で

저것은 일본 과자이고 제 선물입니다.

これはコーヒーで、あれはお茶(ちゃ)です。

↑ **コーヒー**(커피 : 명사) + で

이것은 커피이고 저것은 차입니다.

- ☑ 명사 뒤에「で」만 붙여 주면 '~이고, ~라서'라는 연결을 할 수 있게 됩니다.
- ☑ 두 번 이상 사용할 수 있어요.

  예 私(わたし)は韓国人(かんこくじん)で先生(せんせい)で20代(にじゅうだい)です。 나는 한국인이고 선생님이고 20대입니다.

  ↑ 韓国人(かんこくじん)(한국인 : 명사)+で / 先生(せんせい)(선생님 : 명사)+で

단어 □ **お菓子(かし)** 과자 □ **お土産(みやげ)** 선물(특산품) □ **コーヒー** 커피 □ **お茶(ちゃ)** 차 □ **20代(にじゅうだい)** 20대

명사에서 많이 틀리는 실수

	が	じゃ
사용	이/가 (조사)	명사부정의 매개
접속	時計(とけい)がないです。	時計(とけい)じゃないです。
해석	시계가 없습니다.	시계가 아닙니다.

☑ 「ない」는 '없다(존재의 없음)'와 '아니다(부정)' 두 가지로 말할 수 있어요.

① 명사＋がないです　[명사]가 없습니다　: 존재의 없음

② 명사＋じゃないです　[명사]가 아닙니다　: 부정

☑ '시계가 아닙니다(부정)'에서 우리말로 조사 '가'를 사용하기 때문에 일본어로도 「が」를 사용하는 실수가 정말 많답니다. 부정은 「じゃ」라는 것 잊지 마세요!

단어 □ 時計(とけい) 시계

会話文かいわぶん

MP3 011

회화문 익히기

◆ 히로가 유나에게 사전을 주고, 그 밖의 다른 물건에 대해 이야기하고 있다.

ひろ　ユナさん、これをどうぞ。

ユナ　これは何(なん)ですか。

ひろ　それは僕(ぼく)の辞書(じしょ)です。日本語(にほんご)の辞書(じしょ)ですよ。

ユナ　あ、ひろさんのですね。ありがとうございます。
あれは何(なん)ですか。

ひろ　どれですか。あ、テーブルの上(うえ)のあれですね。
あれは日本(にほん)のお菓子(かし)で、僕(ぼく)のお土産(みやげ)です。
よかったらどうぞ。

단어　□ **これ** 이것　□ **どうぞ** 자, 여기(승낙)　□ **何(なん)ですか** 뭐예요?　□ **それ** 그것　□ **辞書(じしょ)** 사전
□ **あれ** 저것　□ **どれ** 어느 것　□ **テーブル** 테이블　□ **上(うえ)** 위　□ **お菓子(かし)** 과자　□ **お土産(みやげ)** 특산품(선물)
□ **よかったら** 괜찮다면

회화문 짚기

☑ 「どうぞ」라는 말은 승낙의 의미가 있어요.

- 문을 열어 주며 「どうぞ」라고 하면 '들어가세요, 들어오세요'
- 음식을 건네 주며 「どうぞ」라고 하면 '드세요, 가져 가세요'

상대에게 권유 및 허락의 말투로 사용됩니다.

☑ 「私(わたし)の辞書(じしょ)」와 「日本語(にほんご)の辞書(じしょ)」에서의 조사 「の」의 쓰임 차이

- **私(わたし)の辞書(じしょ)** : '나의 사전' 앞 단에 「私(わたし)」라는 소유주체가 있기에 '~의'라는 해석
- **日本語(にほんご)の辞書(じしょ)** : '일본어 책' 명사의 명사연결로 명사간 소속관계를 표현 (해석 없음)

☑ お土産(みやげ)

일본에서 사용되는 선물은 「プレゼント」와 「お土産(みやげ)」가 있는데요.

- **プレゼント** : 생일이나 기념일 같은 특별한 날에 주는 선물
- **お土産(みやげ)** : 물품 자체에 지역적인 특성이 있으며 그 특정지역에 가서 사오는 선물

출장이나 귀성을 할 때도 「お土産(みやげ)」를 구입해 친구나 지인에게 전달합니다.

해석

ひろ 유나 씨, 이거 받으세요.

ユナ 이것은 뭐예요?

ひろ 그것은 제 사전이에요. 일본어 사전이랍니다.

ユナ 아, 히로 씨 거군요. 감사합니다.
저것은 뭔가요?

ひろ 어느 거요? 아, 테이블 위 저것말이죠?
저건 일본 과자이고 제 선물이에요.
괜찮으시면 드세요.

MP3 012

1 단어를 외워 봅시다.

1 모자 한자 : ______ 히라가나 : ______
2 의자 ______ ______
3 사전 ______ ______
4 시계 ______ ______
5 지갑 ______ ______

Hint! 辞書 時計 財布 お土産 椅子 お菓子 帽子

2 문장을 만들어 봅시다.

1 이것은 지갑입니다.
______ ______。

2 저것은 무엇입니까?
______ ______。

3 아니요, 전화가 아닙니다. (4가지)
いいえ、電話(でんわ) ______。
いいえ、電話(でんわ) ______。
いいえ、電話(でんわ) ______。
いいえ、電話(でんわ) ______。

4 그것은 제 테이블입니다.
______ ______。

5 저것은 다나카 씨의 것입니다.
______ 田中(たなか)さん ______ です。

6 제 자동차가 아닙니다.

私(わたし) ________ 車(くるま) ________________。

7 이것은 사전이고 저것은 우산입니다.

________ は辞書(じしょ) ______、________ は傘(かさ)です。

3 말하고 써 봅시다.

〈부정 네 가지 연습하기〉

예제

鈴木(すずき) 스즈키 • それ 그것 • かばん 가방 • 財布(さいふ) 지갑

A：鈴木(すずき)さん、それはかばんですか。스즈키 씨, 그것은 가방인가요?

B：いいえ、かばんではありません。財布(さいふ)です。아니요, 가방이 아니에요. 지갑이에요.

いいえ、かばんではないです。財布(さいふ)です。

いいえ、かばんじゃありません。財布(さいふ)です。

いいえ、かばんじゃないです。財布(さいふ)です。

1 キム 김 • あれ 저것 • 本(ほん) 책 • 日本語(にほんご)の辞書(じしょ) 일본어 사전

A：キムさん、________________

B：① ________________

② ________________

③ ________________

④ ________________

2 パク 박・これ 이것・コーヒー 커피・お酒(さけ) 술

A：パクさん、____________________

B：① ____________________

② ____________________

③ ____________________

④ ____________________

〈소유를 묻고 대답하기〉

예제

これ 이것・**鈴木(すずき)さんの財布(さいふ)** 스즈키 씨의 지갑・**菊池(きくち)さんの** 기쿠치 씨의 것

A：**これは鈴木(すずき)さんの財布(さいふ)ですか。** 이것은 스즈키 씨의 지갑입니까?

B：**いいえ、鈴木(すずき)さんの財布(さいふ)じゃありません。菊池(きくち)さんのです。**

아니요, 스즈키 씨의 지갑이 아닙니다. 기쿠치 씨의 것입니다.

3 あれ 저것・イさんの車(くるま) 이 씨의 차・パクさんの 박 씨의 것

A：____________________

B：____________________

4 それ 그것・あなたの時計(とけい) 당신의 시계・子供(こども)の時計(とけい) 아이의 시계

A：____________________

B：____________________

5 あれ 저것・田中(たなか)さんのテーブル 다나카 씨의 테이블・加藤(かとう)さんの 가토 씨의 것

A：____________________

B：____________________

4 들어 봅시다.

음성을 듣고 각자 어떤 물건을 소유하고 있는지 맞춰 보세요.

1 朴(パク)さん ______

2 鈴木(すずき)さん ______

3 菊池(きくち)さんの友達(ともだち) ______

4 キムさん ______

① 

② 

③ 

④ 

⑤ 

단어 □ 傘(かさ) 우산 □ 時計(とけい) 시계 □ スマホ 스마트폰 □ 誰(だれ) 누구 □ 友達(ともだち) 친구 □ 本(ほん) 책 □ 辞書(じしょ) 사전

MP3 **014**

물건 관련 명사

- 時計(とけい) 시계
- 電話(でんわ) 전화
- 新聞(しんぶん) 신문
- 辞書(じしょ) 사전
- 本(ほん) 책
- 財布(さいふ) 지갑
- 雑誌(ざっし) 잡지
- 椅子(いす) 의자
- かばん 가방
- 靴(くつ) 구두
- 帽子(ぼうし) 모자
- 机(つくえ) 책상
- お酒(さけ) 술
- 教室(きょうしつ) 교실
- 車(くるま) 자동차
- 自転車(じてんしゃ) 자전거
- お菓子(かし) 과자
- 眼鏡(めがね) 안경
- ケータイ 휴대폰
- スマホ 스마트폰
- カメラ 카메라
- パソコン 컴퓨터
- PC(ピーシー) 컴퓨터
- テーブル 테이블

授業は何時から何時までですか。

じゅぎょう　なんじ　なんじ

수업은 몇 시부터 몇 시까지입니까?

문법 포인트

- 조사「から」·「まで」
- 명사의 과거정중형 : [명사] + でした
- 숫자 읽기 : 1에서 100까지
- 시계 읽기 : 시와 분 읽기

학습 포인트

'~부터 ~까지'의 조사를 학습하여 어떠한 일에 대한 시간적, 지리적, 상황적 범위를 이야기해 볼게요. 그러기 위해선 시간을 읽는 방법도 함께 학습해야겠죠? 다도센세의 노하우로 한국인이기에 쉽게 익힐 수 있는 시간 읽기에 대해 구체적으로 설명해 놓았으니 같이 확인해 보아요!

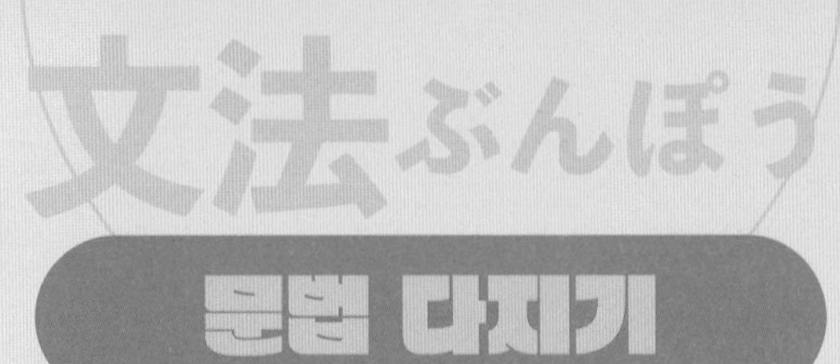

MP3 015

1 ~から ~まで　~부터 ~까지

午前(ごぜん)9時(くじ)から午後(ごご)5時(ごじ)までです。 오전 9시부터 오후 5시까지입니다.

ソウルから釜山(プサン)までです。 서울부터 부산까지예요.

ここからそこまで　여기부터 거기까지

- ☑ 「から」는 '~부터'와 더불어 '~에서'라는 우리말 해석이 가능해요.
- ☑ 「から」는 시작되는 시점이나 지점을 「まで」는 끝나는 시점이나 지점을 뜻합니다.

2 [명사]+でした。 [명사]였습니다. (명사의 과거정중형)

昨日(きのう)は仕事(しごと)でした。 어제는 일이었습니다(일했습니다).

昨夜(ゆうべ)は雨(あめ)でした。 어젯밤은 비였어요(비가 왔어요).

先月(せんげつ)、誕生日(たんじょうび)でした。 지난달 생일이었어요.

- ☑ 「명사+です [명사]입니다」에서 「です」의 과거인 「でした」를 붙여 정중한 과거를 표현합니다.
- ☑ 과거형 또한 의문조사 「か」를 붙여줌으로써 의문형을 만들 수 있어요.
  예 昨日(きのう)は仕事(しごと)でしたか。 어제는 일이었습니까(일했어요)?

☑ 「昨夜」는 「ゆうべ」와 「さくや」 이렇게 두 가지 방법으로 읽을 수 있어요. 순수 일본어로 만들어진 「ゆうべ」와 한자어 소리 그대로 만들어진 「さくや」 둘 다 사용되는데, 일상회화에서는 순수 일본어(ゆうべ)의 사용이 많고, 비즈니스나 공적인 장소에선 한자어(さくや)를 사용합니다. 예를 들어 '오늘(순수 우리말 명사)'과 '금일(한자어 명사)'처럼 말이죠.

3 숫자읽기

1	2	3	4	5
いち	に	さん	よん・し	ご
6	7	8	9	0
ろく	しち・なな	はち	きゅう・く	れい・ゼロ
10	20	30	40	50
じゅう	にじゅう	さんじゅう	よんじゅう	ごじゅう
60	70	80	90	100
ろくじゅう	ななじゅう	はちじゅう	きゅうじゅう	ひゃく

☑ 두 개씩 써 있는 숫자는 시간의 시(時)와 분(分)이나 날짜(日) 등의 상황에 따라 읽는 방식이 달라집니다.

***함께 알아 두면 좋을 단어**

그저께	어제	오늘	내일	모레
一昨日(おととい)	昨日(きのう)	今日(きょう)	明日(あした)	明後日(あさって)

단어 □ 午前(ごぜん) 오전 □ 午後(ごご) 오후 □ ソウル 서울 □ 釜山(プサン) 부산 □ ここ 여기 □ そこ 거기 □ 仕事(しごと) 일 □ 昨夜(ゆうべ) 어젯밤 □ 雨(あめ) 비 □ 先月(せんげつ) 지난달 □ 誕生日(たんじょうび) 생일

何時何分(なんじなんぷん)ですか。 몇 시 몇 분입니까?

1) 時(じ) 시

한 시	두 시	세 시	네 시	다섯 시	여섯 시
いちじ	にじ	さんじ	よじ	ごじ	ろくじ
일곱 시	여덟 시	아홉 시	열 시	열한 시	열두 시
しちじ	はちじ	くじ	じゅうじ	じゅういちじ	じゅうにじ

2) 分(ふん) 분

1분 단위		5분 단위		10분 단위	
1분	いっぷん	15분	じゅうごふん	10분	じゅっぷん
2분	にふん	25분	にじゅうごふん	20분	にじゅっぷん
3분	さんぷん	35분	さんじゅうごふん	30분	さんじゅっぷん
4분	よんぷん	45분	よんじゅうごふん	40분	よんじゅっぷん
5분	ごふん	55분	ごじゅうごふん	50분	ごじゅっぷん
6분	ろっぷん	예 17분	じゅうななふん	60분	ろくじゅっぷん
7분	ななふん	예 24분	にじゅうよんぷん	70분	ななじゅっぷん
8분	はっぷん (はちふん)	예 31분	さんじゅういっぷん	80분	はちじゅっぷん
		예 46분	よんじゅうろっぷん	90분	きゅうじゅっぷん
9분	きゅうふん	예 54분	ごじゅうよんぷん	100분	ひゃっぷん

✦✦✦ Tip! ✦✦✦

하루에 한 번씩 몇 시 몇 분인지 시계를 보고 이야기해 보는 습관을 들여야 자기 것으로 만들 수 있어요!

- ☑ 실생활에서는 0분 단위 or 5분 단위를 많이 사용하니 잘 외워 주세요!
- ☑ 분 단위에서 「ふん」・「ぷん」으로 발음이 나눠지는 이유에 대해서는 다음 페이지에 상세히 설명되어 있어요.

꿀팁+

한국인이라서 숫자읽기가 쉬웠어요!

❶ 우리말 숫자에 받침이 없는 경우에는 한 글자로 소리가 나요.

2	이 (받침 없음)	に
5	오 (받침 없음)	ご

❷ 우리말 숫자에 받침이 있는 경우

우리말은 받침을 아래에 쓴다고 하면 일본은 다음 글자에 오게끔 쓴다고 생각하시면 이해가 쉬울 거예요. 즉, 우리말로 받침이 있는 글자는 일본어에서 두 글자 이상으로 표현될 테죠.

한국 표기	일본 표기	
일	이 + ㄹ	いち
삼	사 + ㅁ	さん
육	유 + ㄱ	ろく
팔	파 + ㄹ	はち
십	시 + ㅂ	じゅう

이렇듯 한국어에 매칭해서 이해하시면 외우기 쉽답니다. 그리고 위 표에서 찾을 수 있는 공통점이 있죠.

ㄹ받침 ち, ㅁ받침 ん, ㄱ받침 く, ㅂ받침 う

한편, [받침]이 있는 숫자와 특정 행이 만났을 때 발음의 변화가 일어나게 됩니다.

分(ふん)과 같이 탁음 혹은 반탁음으로 변화 가능한 행(か · さ · た · は행)을 만나면 발음의 변화가 생길 수 있습니다.

받침 있는 숫자	받침 있는 숫자 + か・さ・た・は행	발음 변화
일	いち＋ふん	いっぷん
육	ろく＋ふん	ろっぷん
팔	はち＋ふん	はっぷん
십	じゅう＋ふん	じゅっぷん

会話文 かいわぶん

회화문 익히기

MP3 016

◆ 유나의 학교 앞에서 히로와 유나가 스케줄에 대해 이야기하고 있다.

ひろ　ユナさん、何時(なんじ)から授業(じゅぎょう)ですか。

ユナ　午後(ごご)3時(さんじ)から4時半(よじはん)までです。

　　　ひろさんはこれからバイトですか。

ひろ　今日(きょう)は休(やす)みです。でも、昨日(きのう)はバイトでした。

ユナ　昨日(きのう)のバイトは何時(なんじ)から何時(なんじ)まででしたか。

ひろ　午前(ごぜん)9時(くじ)から午後(ごご)6時(ろくじ)まででした。

ユナ　そうですか。ところで、今(いま)、何時(なんじ)ですか。

ひろ　もう、2時(にじ)50分(ごじゅっぷん)です。

ユナ　あっ、3時(さんじ)から授業(じゅぎょう)です。

　　　行(い)ってきます！

단어
□ **何時**(なんじ) 몇 시　□ **〜から** 〜부터, 〜에서　□ **授業**(じゅぎょう) 수업　□ **午後**(ごご) 오후　□ **〜まで** 〜까지
□ **これから** 이제부터, 지금부터　□ **バイト**「アルバイト 아르바이트」의 줄임말　□ **休み**(やすみ) 휴식, 쉬는 날
□ **でも** 그렇지만, 그래도　□ **ところで** 그런데　□ **今**(いま) 지금　□ **もう** 벌써　□ **あっ** 앗! (놀라는 말투)
□ **行ってきます**(いってきます) 다녀오겠습니다

회화문 짚기

☑ 午後(ごご)3時(さんじ)から4時半(よじはん)までです。 오후 3시부터 4시 반까지입니다.

「[시간] + から [시간] + まで」는 '[시간]부터 [시간]까지'를 나타냅니다.

「半(はん)」은 '반'이라는 한자로 '30분'을 뜻합니다.

4時半(よじはん) = 4時30分(よじさんじゅっぷん)

☑ 昨日(きのう)はバイトでした。 어제는 아르바이트였어요.

「昨日(きのう)」라는 '어제 시점'을 나타냈으니 전체 문장은 과거로 진행이 되어야 하죠.

バイトです。 아르바이트입니다. (현재)

バイトでした。 아르바이트였습니다. (과거)

☑ 何時(なんじ)から何時(なんじ)まででしたか。 몇 시부터 몇 시까지였습니까?

이번 과의 문법이 한꺼번에 들어간 가장 중요한 문장이에요.

何時(なんじ)から何時(なんじ)まで　　+　　でした　+　か

↑ 명사의 과거정중형 + 의문 조사「か」

몇 시부터 몇 시까지　　　　였습니　　까?

☑ ところで

'그런데'라고 해석하며 화제전환을 할 때 사용돼요. 다만, 회화에서는 실제로 많이 사용되지 않기에 이 상황에서는「そういえば 그러고 보니」를 사용하면 훨씬 자연스러운 회화표현이 됩니다.

해석

ひろ　유나 씨, 몇 시부터 수업이에요?

ユナ　오후 3시부터 4시 반까지예요.
히로 씨는 이제부터 아르바이트인가요?

ひろ　오늘은 휴일이에요. 그래도 어제는 아르바이트였어요.

ユナ　어제 아르바이트는 몇 시부터 몇 시까지였어요?

ひろ　오전 9시부터 오후 6시까지였어요.

ユナ　그래요. 그런데 지금 몇 시예요?

ひろ　벌써, 2시 50분이에요.

ユナ　앗, 3시부터 수업이에요. 다녀올게요!

問題もんだい

문제로 확인하기

MP3 017

1 단어를 외워 봅시다.

1 수업 한자 : ____ 히라가나 : ____

2 오전 ____ ____

3 몇 시 ____ ____

4 어젯밤 ____ ____

5 지난달 ____ ____

Hint! 午後 時計 授業 昨夜 帽子 何時 午前 先月

2 문장을 만들어 봅시다.

1 도쿄에서 서울까지입니다.

東京(とうきょう) ____ ソウル ____ です。

2 수업은 오전 11시부터입니다.

____ は ____ 11時(じゅういちじ) ____ です。

3 일은 몇 시부터 몇 시까지예요?

____ は ____ から ____ までですか。

4 오전 9시부터 오후 6시까지입니다.

____ から ____ までです。

5 집에서 회사까지 30분입니다.

家(いえ) ____ ____ まで ____ です。

3 말하고 써 봅시다.

〈시간 읽기〉

예제

4 : 15

よじじゅうごふんです。4시 15분입니다.

1 11 : 36

2 7 : 30

3 9 : 47

〈「から・まで」를 사용하여 기간 표현하기〉

예제

오후 4:00~6:00

ごごよじからろくじまでです。오후 4시에서 6시까지입니다.

4 **오전** 11 : 10~**오후** 1 : 30

5 **오전** 4 : 00~6 : 45

6 **오전** 9 : 37~**오후** 7 : 54

4 **문장을 읽고 자신의 문장을 만들어 보세요.**

예문

おはようございます。キム・ユナです。私(わたし)は大学生(だいがくせい)です。

家(いえ)から学校(がっこう)まではバスで約(やく)２０分(にじゅっぷん)です。あそこが私(わたし)の学校(がっこう)です。

今日(きょう)の授業(じゅぎょう)は午前(ごぜん)１１時(じゅういちじ)３０分(さんじゅっぷん)から午後(ごご)４時(よじ)２０分(にじゅっぷん)までです。

昨日(きのう)の授業(じゅぎょう)は午前(ごぜん)９時(くじ)から午後(ごご)２時(にじ)まででした。

ところで、みなさんの今日(きょう)の授業(じゅぎょう)は何時(なんじ)から何時(なんじ)までですか。

〈문장 써 보기〉

단어 □ 大学生(だいがくせい) 대학생 □ 家(いえ) 집 学校(がっこう) 학교 □ バスで 버스로 □ 約(やく) 약 □ あそこ 저기 □ 今日(きょう) 오늘
□ 授業(じゅぎょう) 수업 □ 午前(ごぜん) 오전 □ 午後(ごご) 오후 □ 昨日(きのう) 어제 □ ところで 그런데 □ みなさん 여러분

5 들어 봅시다.

MP3 018

대화를 듣고 어떤 '장소/상황'인지 적고 그것이 행해지는 '시간'을 적어 주세요.

1 장소/상황 ______________________

운영시간 ______________________

2 장소/상황 ______________________

운영시간 ______________________

3 장소/상황 ______________________

운영시간 ______________________

4 장소/상황 ______________________

운영시간 ______________________

단어 □ お昼休み(ひるやすみ) 점심시간 □ 銀行(ぎんこう) 은행 □ スーパー 슈퍼

숫자 + 조수사 읽기

우리말로 받침이 있는 숫자(일, 삼, 육, 팔, 십 등) + 탁음, 반탁음의 변화가 가능한「か · さ · た · は행」이 왔을 경우, 음의 변화가 일어납니다.

받침이 있는 숫자인 육(ろく)을 가져와 여러 조수사와 함께 읽어 볼게요.

숫자		조수사	함께 읽기	이유설명
6 ろく	+	じ(시)	ろくじ	「じ」는 탁음이기에 영향 없음
		えん(엔)	ろくえん	「え」는 탁음으로의 변화가 불가능하기에 영향 없음
		かい(층)	ろっかい	받침 있는 숫자 + か행이므로 음의 변화 영향 있음
		ほん(자루)	ろっぽん	받침 있는 숫자 + は행이므로 음의 변화 영향 있음

층수와 자루(병)를 세는 조수사도 함께 확인해 보면 받침이 있는 '일, 삼, 육, 팔, 십'에서 발음이 달라지는 걸 볼 수 있어요. 반대로 받침이 없는 '이, 오, 구'의 경우 어떤 조수사가 와도 영향을 주고 받지 않습니다.

	1	2	3	4	5
何階(なんがい) 몇 층	いっかい	にかい	さんがい	よんかい	ごかい
	6	7	8	9	10
	ろっかい	ななかい	はっかい はちかい	きゅうかい	じゅっかい
何本(なんぼん) 몇 자루/몇 병	1	2	3	4	5
	いっぽん	にほん	さんぼん	よんほん	ごほん
	6	7	8	9	10
	ろっぽん	ななほん	はっぽん	きゅうほん	じゅっぽん

このかばんは高(たか)いですか。

이 가방은 비쌉니까?

문법 포인트

- い형용사의 사전형 : ~다
- い형용사의 정중형 : ~입니다
- い형용사의 부정형 : ~지 않습니다
- い형용사에 접속조사 「が(= けど)」를 접속하기

학습 포인트

일본어 형용사 학습의 첫 시간!
다들 "오이시~!", "카와이~!"는 많이 들어 보셨죠?
이처럼 어미가 「い」로 끝나는 형용사는 [い형용사]라고 부르는데요.
형용사는 그 자체로 어떤 상황을 표현하기도 하지만, 조금은 건조했던 명사를 수식해서 보다 자세하고 구체적으로 설명할 수 있게 도와줍니다.
함께 재미있는 い형용사를 배우러 가 볼까요?

MP3 019

1 어간 + い (기본형) ~(이)다

かばんは高い。 가방은 비싸다.

会社は近い。 회사는 가깝다.

彼女はかわいい。 그녀는 귀엽다.

- 일본어의 형용사는 [い형용사]와 [な형용사] 두 가지가 있고, 그중 [い형용사]에 대한 학습입니다.
- 「~い」로 끝나는 것이 기본형이에요.

2 ~い + です (정중형) ~(입)니다

背が高い + です。 키가 큽니다.

仕事は忙しい + です。 일은 바쁩니다.

日本語は難しい + です。 일본어는 어렵습니다.

- [い형용사]의 경우 기본형태에 「です」만 바로 붙여 주면 정중한 말투가 됩니다.
- 여기에 의문조사 「か」를 붙여 주면 질문의 형태가 됩니다.

  예 背が高いですか。 키가 큽니까?
  仕事は忙しいですか。 일은 바쁩니까?
  日本語は難しいですか。 일본어는 어렵습니까?

3 ~い탈락 + くありません/くないです(부정형) ~지 않습니다

	문어체 (고정 정중형)	구어체 (정중/반말 가능)
변형방법	~~~い~~+くありません	~~~い~~+くないです
(예)	おいし~~い~~くありません 맛있지 않습니다	おいし~~い~~くないです 맛있지 않습니다
	寒(さむ)~~い~~くありません 춥지 않습니다	寒(さむ)~~い~~くないです 춥지 않습니다
	遠(とお)~~い~~くありません 멀지 않습니다	遠(とお)~~い~~くないです 멀지 않습니다

☑ 어미인「い」를 탈락한 후「く」를 붙이고「ありません / ないです」를 붙여 주면 됩니다.

☑「~くありません」을 [고정 정중형]이라고 쓴 이유는「ありません」의 형태는 바로 반말로 갈 수 없기 때문이에요. 반면,「~くないです」의 경우는「です」만 빼 주면 바로 반말의 사용이 가능합니다.

예 おいしくないです。 맛있지 않습니다. (존댓말)

おいしくない。 맛있지 않다. (반말)

☑「いい 좋다」는 문법 변환에 의해 어미인「い」가 탈락되면 그와 동시에 앞(어간)의「い」는「よ」로 바뀝니다.

좋다	좋지 않습니다	
いい	부정	よ~~い~~くありません
		よ~~い~~くないです

단어 □ かばん 가방 □ 高(たか)い 비싸다, 높다 □ 会社(かいしゃ) 회사 □ 近(ちか)い 가깝다 □ 彼女(かのじょ) 그녀 □ かわいい 귀엽다 □ 背(せ)が高(たか)い 키가 크다 □ 仕事(しごと) 일 □ 忙(いそが)しい 바쁘다 □ 難(むずか)しい 어렵다 □ おいしい 맛있다 □ 寒(さむ)い 춥다 □ 遠(とお)い 멀다 □ いい 좋다

4 ~が = ~けど (접속조사) ~(이)지만, ~(인)데

古(ふる)いですが、かわいいです。 낡았습니다만, 귀엽습니다.

古(ふる)いけど、かわいいです。 낡았지만, 귀여워요.

寒(さむ)いですが、おもしろいです。 춥습니다만, 재밌습니다.

寒(さむ)いけど、おもしろいです。 춥지만, 재밌습니다.

大(おお)きいですが、安(やす)いですね。 큽니다만, 저렴하군요.

大(おお)きいけど、安(やす)いですね。 크지만, 저렴하네요.

- い형용사의 종지형(문장이 끝나는 형태)에 붙어 '[い형용사]이지만, [い형용사]인데'의 해석으로 사용됩니다.
- 「が」는 문어체, 「けど」는 회화체라는 차이가 있지만, 접속방법은 일치합니다.
- 문장 마지막에만 「です」를 사용해 주면 정중한 말투가 되기에 「が」와 「けど」 앞에 오는 「です」는 회화 시에는 생략 가능합니다. 예문에서 「けど」가 들어간 문장처럼 생략되어 잘 사용됩니다. 물론 「古(ふる)いですけど、寒(さむ)いですけど、大(おお)きいですけど」 또한 사용 가능합니다.

단어 □ **古(ふる)い** 낡다, 오래되다 □ **おもしろい** 재미있다 □ **大(おお)きい** 크다 □ **安(やす)い** 싸다, 저렴하다

꿀팁+

「が」나 「けど」 앞에 「です」가 있고 없고의 차이!

「が」와 「けど」는 「が」는 문어체, 「けど」는 회화체라는 쓰임의 차이만 있을 뿐, '~지만, ~인데'라는 해석 및 접속 방법은 동일합니다. 그런데 문장 속에서 「が」나 「けど」 앞단에 「です」를 붙이는 상황이 있고, 그렇지 않은 상황이 있는데, 그 차이에 대해 설명할게요. (모든 설명은 「けど」 적용)

1. 반말 문장

① 大(おお)きいけど、安(やす)い。 크지만, 저렴하다. (O)

⋯› 「けど」 전, 후로 모두 반말 문장

② 大(おお)きいですけど、安(やす)い。 큽니다만, 저렴하다. (X)

⋯› 문장의 끝이 반말로 끝났기 때문에 「けど」 앞의 정중의 「です」는 적절하지 않아요.

2. 정중형 문장

① 大(おお)きいですけど、安(やす)いです。 큽니다만, 저렴합니다. (O)

⋯› 문장의 끝이 정중형으로 끝났기 때문에 「けど」 앞에 「です」를 쓸 수 있어요. 전체 문장을 정중형으로 맞춰 줌으로써 보다 정중한 문장이 됩니다.

② 大(おお)きいけど、安(やす)いです。 크지만, 저렴합니다. (O)

⋯› 우리말도 말끝만 정중형으로 하면 존댓말이 되듯, 일본어도 「が」나 「けど」 앞단에 반말을 써도 되고, 이렇게 사용함으로써 보다 자연스러운 존댓말 표현이 됩니다.

会話文 かいわぶん

◆ 유나네 집에 놀러간 히로가 유나의 물건에 대해 이야기하고 있다.

ひろ　ユナさんの家(いえ)には、かばんがとても多(おお)いですね。

ユナ　全然(ぜんぜん)多(おお)くないです。少(すく)ないですよ。

ひろ　このかばんは高(たか)いですか。

ユナ　あまり高(たか)くありません。安(やす)い方(ほう)です。

ひろ　その財布(さいふ)もかわいいですね。

ユナ　結構(けっこう)古(ふる)いですけど、かわいいですよね。

ひろ　それに軽(かる)いですね。これ、いいですね！

단어 □ **家(いえ)** 집 □ **かばん** 가방 □ **とても** 매우 □ **多(おお)い** 많다 □ **全然(ぜんぜん)** 전혀 □ **少(すく)ない** 적다 □ **高(たか)い** 비싸다, 높다 □ **あまり** 별로, 그다지 □ **安(やす)い** 저렴하다 □ **方(ほう)** 편, 쪽 □ **結構(けっこう)** 꽤 □ **古(ふる)い** 낡다 □ **かわいい** 귀엽다 □ **それに** 게다가 □ **軽(かる)い** 가볍다 □ **いい** 좋다

회화문 짚기

☑ **全然多くないです。** 전혀 많지 않습니다.

「全然」은 '전혀'라는 의미로 문법적으로 뒷단에 부정형이 옵니다. 「全然多くありません」으로 해석이 동일한 문장도 만들 수 있어요.

예 全然多くありません。＝全然多くないです。

☑ **あまり高くありません。** 별로 비싸지 않습니다.

「あまり」는 '별로'라는 의미로 이 또한 뒷단에 부정형이 옵니다. 「高くないです」와 같이 해석이 동일한 문장도 만들 수 있어요.

예 あまり高くありません。＝あまり高くないです。

☑ **安い方です。** 싼 편입니다.

「方 쪽, 편」는 명사입니다.
형용사의 가장 큰 역할은 명사를 꾸며 주는 일인데요.
い형용사의 경우 뒤에 바로 명사를 붙여 '~한 명사'의 문법을 만들 수 있어요.

☑ **古いですけど、かわいいです。** 낡았는데, 귀엽습니다.

접속조사 '~지만'은 「が」와 「けど」가 있죠. 여기선 구어체에 어울리는 「けど」를 사용했어요.
「古い~~です~~けど、かわいいです」처럼 중간에 「です」를 빼고 말해도 마지막에만 정중형으로 「です」를 사용해 주면, 문제없이 존댓말 사용이 됩니다.

- 古いですが、かわいいです : 문어체 문장이라면 문장 전체를 정중형으로 맞추는 게 중요
- 古い(です)けど、かわいいです : 구어체 문장이라면 마지막에만 정중형을 지키고, 「が」보단 「けど」를 사용하는 게 자연스러움

해석

ひろ 유나 씨의 집에는 가방이 매우 많네요.
ユナ 전혀 많지 않아요. 적어요.
ひろ 이 가방은 비싸요?
ユナ 별로 비싸지 않아요. 싼 편이에요.
ひろ 그 지갑도 귀엽네요.
ユナ 꽤 오래됐는데, 귀엽죠?
ひろ 게다가 가볍네요. 이거 좋네요!

問題もんだい

MP3 021

1 단어를 외워 봅시다.

1 바쁘다　　한자 : ______________　　히라가나 : ______________

2 어렵다　　______________　　______________

3 춥다　　______________　　______________

4 낡다　　______________　　______________

5 적다　　______________　　______________

6 저렴하다　　______________　　______________

Hint! 忙しい　小さい　安い　少ない　古い　難しい　寒い　多い

2 문장을 만들어 봅시다.

1 가방은 저렴합니까?

かばんは ______________ ですか。

2 전혀 비싸지 않습니다. (두 가지).

全然(ぜんぜん)、高(たか)く ______________ 。/ 全然(ぜんぜん)、高(たか)く ______________ 。

3 춥지만 재미있어요.

______________ けど、______________ です。

4 낡았지만 귀엽습니다.

______________ です ______________ 、かわいいです。

5 회사는 가깝습니까?

______________ は ______________ です ______________ 。

6 그다지 멀지 않습니다. (두 가지).

あまり、______________ 。

あまり、______________ 。

3 말하고 써 봅시다.

〈い형용사의 부정형 말하기〉

예제

日本語(にほんご) 일본어 • 難(むずか)しい 어렵다 • 易(やさ)しい 쉽다

A：日本語(にほんご)は難(むずか)しいですか。일본어는 어렵습니까?

B：① はい、とても難(むずか)しいです。네, 매우 어렵습니다.

② いいえ、あまり難(むずか)しくありません。易(やさ)しいです。

③ いいえ、あまり難(むずか)しくないです。易(やさ)しいです。

아니요, 별로 어렵지 않습니다. 쉽습니다.

1 時計(とけい) • 古(ふる)い • 新(あたら)しい

A：

B：①

②

③

2 学生(がくせい) • 多(おお)い • 少(すく)ない

A：

B：①

②

③

단어 □ **時計(とけい)** 시계 □ **古(ふる)い** 낡다 □ **新(あたら)しい** 새롭다 □ **多(おお)い** 많다 □ **少(すく)ない** 적다

3 このパソコン・いい・悪い

A : ______________________________

B : ① ______________________________

② ______________________________

③ ______________________________

〈접속조사 が / けど〉

예제

鈴木さんの部屋 스즈키 씨의 방・古い 낡다・広い 넓다

A : 鈴木さんの部屋はどうですか。스즈키 씨의 방은 어떻습니까?

B : 鈴木さんの部屋は古いですが、広いです。
스즈키 씨의 방은 낡았습니다만, 넓습니다.

鈴木さんの部屋は古いけど、広いです。
스즈키 씨의 방은 낡았지만, 넓습니다.

4 今日の天気・暑い・いい

A : ______________________________ どうですか。

B : ______________________________

____

5 キムさんのお仕事・忙しい・おもしろい

A : ______________________________ どうですか。

B : ______________________________

____

6 この市場(いちば)・人(ひと)が多(おお)い・ものがよくないです

A: ＿＿＿＿＿＿＿＿＿＿ どうですか。

B: ＿＿＿＿＿＿＿＿＿＿

＿＿＿＿＿＿＿＿＿＿

4 들어 봅시다.

MP3 022

음성을 듣고 그림과 맞으면 O, 틀리면 X를 써 보세요.

1

(　　　　)

2

(　　　　)

3

(　　　　)

4

(　　　　)

단어 □ パソコン 컴퓨터 □ いい 좋다 □ 悪(わる)い 나쁘다 □ 部屋(へや) 방 □ 天気(てんき) 날씨 □ 暑(あつ)い 덥다 □ 忙(いそが)しい 바쁘다 □ おもしろい 재미있다 □ 市場(いちば) 시장 □ もの 물건 □ 背(せ)が高(たか)い 키가 크다 □ 熱(あつ)い 뜨겁다 □ 冷(つめ)たい 차갑다

어휘+

MP3 023

필수 い형용사

- 高(たか)い 비싸다
- 安(やす)い 싸다
- 高(たか)い 높다
- 低(ひく)い 낮다
- 暑(あつ)い 덥다
- 寒(さむ)い 춥다
- いい 좋다
- 悪(わる)い 나쁘다
- 新(あたら)しい 새롭다
- 古(ふる)い 낡다
- 大(おお)きい 크다
- 小(ちい)さい 작다
- 多(おお)い 많다
- 少(すく)ない 적다
- 熱(あつ)い 뜨겁다
- 冷(つめ)たい 차갑다
- 広(ひろ)い 넓다
- 狭(せま)い 좁다
- 早(はや)い 이르다
- 遅(おそ)い 늦다
- 速(はや)い 빠르다

- 強(つよ)い 강하다
- 弱(よわ)い 약하다
- 明(あか)るい 밝다
- 暗(くら)い 어둡다
- 難(むずか)しい 어렵다
- 易(やさ)しい 쉽다
- おいしい 맛있다
- まずい 맛없다
- 遠(とお)い 멀다
- 近(ちか)い 가깝다
- 長(なが)い 길다
- 短(みじか)い 짧다
- 重(おも)い 무겁다
- 軽(かる)い 가볍다
- 汚(きたな)い 더럽다
- 怖(こわ)い 무섭다
- おもしろい 즐겁다
- かわいい 귀엽다
- 辛(から)い 맵다
- すっぱい 시다
- 忙(いそが)しい 바쁘다

その映画(えいが)は怖(こわ)くてうるさいです。

그 영화는 무섭고 시끄럽습니다.

문법 포인트

- い형용사의 연결 「~くて」 : ~하고, ~해서
- い형용사의 명사수식 : [い형용사]한 명사
- 접속조사 「から」 : ~기 때문에, ~니까
- い형용사의 과거형 「かったです」 : ~었습니다

학습 포인트

형용사의 가장 큰 역할은 바로 명사를 꾸며 준다는 것이에요. '예쁜 선생님, 비싼 밥, 바쁜 날'처럼 말이죠.
이번 학습에서는 い형용사가 명사를 꾸며 주는 방법과 더불어 어떤 것을 표현할 때 하나의 형용사로만 표현할 것이 아니라 '그녀는 예쁘고 키가 크고 상냥하고 똑똑해서~'와 같이 나열을 해서 이야기하는 방법에 대해 배워 볼게요.
한편, 현재만 말할 것이 아니라 과거를 얘기하는 '~었습니다'까지 학습해서 い형용사를 마스터해 볼게요!

文法ぶんぽう

문법 다지기

MP3 024

1 ~い탈락 +くて (연결형) ~하고, ~해서

おいしいくて高(たか)いです。 맛있고 비쌉니다.

怖(こわ)いくてうるさいです。 무섭고 시끄럽습니다.

重(おも)いくて暗(くら)いです。 무겁고 어둡습니다.

- 어미인「い」를 탈락시키고「くて」를 붙여 주면 '~하고, ~해서'라는 문장을 이야기할 수 있어요.
- '병렬'이나 '나열'을 할 때도 사용하고, 때에 따라서는 '원인과 이유'의 의미를 갖기도 한답니다.

  예 暗(くら)くて怖(こわ)いです。 어둡고 무섭습니다. (병렬과 나열)

  어두워서 무섭습니다. (원인과 이유)
- い형용사의 부정을 만들 때도 어미「い」를 탈락시킨 후「くありません・くないです」를 붙여 줬는데 이번 학습의 연결에서 또한「く+て」를 접속으로「く」가 사용되었네요.

TIP い형용사는 か행과 관련이 있어요!

い형용사는 어떠한 문법 변환에 의해 어미가 탈락되면 か행 중에서 하나를 데리고 온다고 생각해 주세요!

2 ~い +명사 (명사수식) [い형용사]한 명사

おいしい + すし 맛있는 초밥

赤(あか)い + 傘(かさ) 빨간 우산

汚(きたな)い + 部屋(へや) 더러운 방

- ☑ 형용사의 가장 큰 특징! 명사를 수식하여 명사의 특징을 설명해 준다는 점이에요.
- ☑ い형용사의 명사수식의 경우 어미탈락 없이 바로 연결됩니다.

3 から(접속조사) ~니까, ~기 때문에

おいしい + から 맛있으니까, 맛있기 때문에

強(つよ)い + から 강하니까, 강하기 때문에

背(せ)が高(たか)い + から 키가 크니까, 키가 크기 때문에

- ☑ 「から」는 종지형(문장이 끝나는 형태)에 붙는데 원인과 이유를 나타내 줍니다.
- ☑ 정중한 표현의 경우 「おいしいです+から」로도 이야기할 수 있습니다. 즉, 상대에 맞춰 「おいしい」, 「おいしいです」와 같이 종지형을 만든 후 바로 「から」를 붙여 줍니다.

단어 □ 高(たか)い 비싸다, 높다 □ 怖(こわ)い 무섭다 □ うるさい 시끄럽다 □ 重(おも)い 무겁다 □ 暗(くら)い 어둡다 □ 赤(あか)い 빨갛다 □ 傘(かさ) 우산 □ 汚(きたな)い 더럽다 □ 部屋(へや) 방 □ 強(つよ)い 강하다 □ 背(せ)が高(たか)い 키가 크다

4 ~い탈락 + かったです (과거형) ~었습니다

遠~~い~~ + かったです 멀었습니다

暗~~い~~ + かったです 어두웠습니다

近~~い~~ + かったです 가까웠습니다

良~~い~~ + かったです 좋았습니다

- 어미「い」를 탈락시킨 후,「かったです」를 붙여 주면 정중한 과거형이 됩니다.
- 여기서 반말을 하고 싶다면「です」를 빼고「かった」만 붙여 주면 됩니다.

  예 おいしかったです。 맛있었습니다.

  おいしかった。 맛있었다.
- '좋다'라는 뜻의「良い」는 회화체에서 단독으로 사용될 때는「いい」라고 발음하는데, 활용을 할 때는「よい」로 발음합니다.

5 ~はどうですか。 ~은/는 어떻습니까? (현재)
~はどうでしたか。 ~은/는 어땠습니까? (과거)

- 현재 기본표현은「どうだ」로 '어떠하다, 어떻다'라는 의미를 가지고 있어요.

  정중현재 どうですか。 어떻습니까?

  정중과거 どうでしたか。 어땠습니까?

단어 □ 遠い 멀다 □ 暗い 어둡다 □ 近い 가깝다 □ 良い 좋다

「良(よ)い(い) 좋다」로 보는 い형용사 문법 확인!

	어미「い」의 탈락여부	변형
부정	い~~い~~	よ + くありません 좋지 않습니다
연결	い~~い~~	よ + くて 좋고, 좋아서
과거	い~~い~~	よ + かったです 좋았어요
명사수식	いい (탈락 없음)	いい先生(せんせい) 좋은 선생님

*「いい」는 어미탈락이 있을 시「よい」로 활용!

TIP! い형용사에서 어미가 탈락되는 문법, 헷갈리면 한 번 더 짚기!

문법	접속 방법	か행 중
부정	어미탈락 + くありません・くないです	く
연결	어미탈락 + くて	く
과거	어미탈락 + かったです	か

*い형용사는 어미가 탈락되면 か행 중 하나를 데리고 온다!

꼭 이해하고 넘어가요!

<table>
<tr><td colspan="4">おいしい 맛있다</td></tr>
<tr><td rowspan="6">긍정 과거</td><td>반말</td><td rowspan="6">부정 과거</td><td>반말</td></tr>
<tr><td>おいし~~い~~+かった</td><td>おいしくな~~い~~+かった</td></tr>
<tr><td>맛있었다</td><td>맛있지 않았다</td></tr>
<tr><td>정중형</td><td>정중형</td></tr>
<tr><td>おいし~~い~~+かった+です</td><td>おいしくな~~い~~+かった+です
おいし~~い~~+くありませんでした</td></tr>
<tr><td>맛있었습니다</td><td>맛있지 않았습니다</td></tr>
</table>

会話文かいわぶん

MP3 025

◆ 이미 영화와 드라마를 본 유나에게 히로가 어땠는지 묻고 있다.

ひろ　ユナさん、この映画(えいが)はどうですか。

ユナ　その映画(えいが)はうるさくて怖(こわ)いです。

ひろ　そうですか。じゃ、そのドラマはどうですか。

ユナ　これは明(あか)るくておもしろいドラマです。おすすめです。

ひろ　そうなんですね。
ところで、この前(まえ)の韓国(かんこく)の映画(えいが)はどうでしたか。

ユナ　ストーリーが重(おも)いから暗(くら)かったです。
でも、インパクトが強(つよ)くてよかったです。

단어　□ **映画(えいが)** 영화　□ **うるさい** 시끄럽다　□ **怖(こわ)い** 무섭다　□ **ドラマ** 드라마　□ **明(あか)るい** 밝다
□ **おもしろい** 재미있다　□ **おすすめ** 추천　□ **そうなんですね** 그렇군요(모르는 것을 알게 되었을 때 사용)
□ **ところで** 그런데　□ **この前(まえ)** 전번, 요전, 이전(가까운 과거)　□ **ストーリー** 스토리, 내용
□ **重(おも)い** 무겁다　□ **暗(くら)い** 어둡다　□ **でも** 그렇지만　□ **インパクト** 임팩트　□ **強(つよ)い** 강하다

회화문 짚기

☑ この映画は<u>どうですか</u>。 이 영화는 어때요?

[<u>현재</u>], 함께 영화 포스터나 채널을 보면서 이야기를 나누는 상황입니다.

韓国の映画は<u>どうでしたか</u>。 한국영화는 어땠어요?

이전에 유나가 한국영화를 본 것을 아는 히로는 '한국영화는 어땠어요?'라며 [<u>과거</u>]로 물었어요.

☑ うるさくて怖いです。 시끄럽고 무섭습니다.

うるさ~~い~~くて怖いです

↑ 어미 い탈락 + くて (연결)

해석 : ① 시끄럽고 무서워요. (병렬) ② 시끄러워서 무서워요. (원인/이유)

☑ 明るくておもしろいドラマです。 밝고 재미있는 드라마입니다.

明る~~い~~くて、 おもしろい + ドラマ

↑ 어미 い탈락 + くて(연결) い형용사 + 명사

「くて」 연결형과 い형용사의 명사수식 두 가지 문법이 한 번에 나왔어요.

명사는 い형용사에 바로 연결되는 거 잊지 마세요!

☑ ストーリーが重いから暗かったです。 스토리가 무거우니까 어두웠어요.

重い + から 暗~~い~~かったです

↑ 접속조사 「から」 바로 연결 ↑ い탈락 + かったです (과거형)

☑ インパクトが強くてよかったです。 임팩트가 강해서 좋았어요.

強~~い~~くて よ~~い~~かったです

↑ い탈락 + くて (연결형) ↑ い탈락 + かったです(과거형)

「いい」는 어미탈락 시 「よい」로 바뀜

해석

ひろ 유나 씨, 이 영화는 어때요?

ユナ 그 영화는 시끄럽고 무서워요.

ひろ 그래요? 그럼, 그 드라마는 어때요?

ユナ 이건 밝고 재미있는 드라마예요. 추천해요.

ひろ 그렇군요. 그런데 이전에 (얘기한) 한국영화는 어땠어요?

ユナ 스토리가 무거우니까 어두웠어요.

그래도 임팩트가 강해서 좋았어요.

MP3 026

1 단어를 외워 봅시다.

1 영화 한자 : ______ 히라가나 : ______

2 가깝다 ______ ______

3 강하다 ______ ______

4 어둡다 ______ ______

5 무겁다 ______ ______

6 멀다 ______ ______

Hint! 遠い 近い 重い 強い 料理 明るい 弱い 暗い 映画

2 문장을 만들어 봅시다.

1 맛있는 초밥입니다.

______ ______ です。

2 영화는 스토리가 무거우니까 어둡습니다.

映画(えいが)はストーリーが ______ ______ です。

3 키가 큰 사람은 어떻습니까?

______ 人(ひと)は ______。

4 키가 크니까 좋지 않습니다.

______ ______ ______ ありません。

5 매우 어두웠습니다.

とても ______。

6 임팩트가 강하고 좋았어요.

インパクトが ______ ______ です。

3 말하고 써 봅시다.

〈접속조사 から와 부정〉

예제

人(ひと)が多(おお)い 사람이 많다・寒(さむ)い 춥다

人(ひと)が多(おお)いから、寒(さむ)くないです。

사람이 많으니까 춥지 않습니다.

1 料理(りょうり)が辛(から)い・おいしい

2 体重(たいじゅう)が重(おも)い・いい

3 家賃(やちん)が高(たか)い・地下鉄駅(ちかてつえき)から遠(とお)い

〈연결과 과거〉

日本語(にほんご) 일본어・難(むずか)しい 어렵다・おもしろい 재미있다

A：日本語(にほんご)はどうでしたか。일본어는 어땠습니까?

B：難(むずか)しくておもしろかったです。어렵고 재밌었어요.

4 あの時計(とけい)・古(ふる)い・遅(おそ)い

A：

B：

단어 □ 辛(から)い 맵다 □ 体重(たいじゅう) 체중 □ 家賃(やちん) 집세 □ 地下鉄駅(ちかてつえき) 지하철역

5 その学生(がくせい)・頭(あたま)がいい・明(あか)るい

A : ____________________

B : ____________________

6 昨日(きのう)の天気(てんき)・気温(きおん)が高(たか)い・暑(あつ)い

A : ____________________

B : ____________________

4 들어 봅시다.

음성을 듣고 어떤 가방을 설명하는지 맞춰보세요.

1 ________ 2 ________ 3 ________ 4 ________

①

②

③

④

단어 □ **頭(あたま)** 머리 □ **明(あか)るい** 밝다 □ **昨日(きのう)** 어제 □ **天気(てんき)** 날씨 □ **気温(きおん)** 기온 □ **暑(あつ)い** 덥다
□ **黒(くろ)い** 검다, 까맣다 □ **汚(きたな)い** 더럽다 □ **青(あお)い** 파랗다 □ **安(やす)い** 싸다 □ **小(ちい)さい** 작다

문제+

확인해 봅시다!

1. い형용사 여러 문법을 사용한 문장 만들기

① 학교는 멀다. ______

② 학교는 멉니다. ______

③ 먼 학교 ______

④ 학교는 멀지 않다. ______

⑤ 학교는 멀지 않습니다. ______

⑥ 학교는 멀고 좁습니다. ______

⑦ 학교는 멀었다. ______

⑧ 학교는 멀었습니다. ______

⑨ 학교는 멀지 않았다. ______

⑩ 학교는 멀지 않았습니다. ______

2. 반의어 쓰기

① 高(たか)い ⇔ ______

② 明(あか)るい ⇔ ______

③ 新(あたら)しい ⇔ ______

④ 近(ちか)い ⇔ ______

⑤ 大(おお)きい ⇔ ______

⑥ 広(ひろ)い ⇔ ______

⑦ 重(おも)い ⇔ ______

⑧ いい ⇔ ______

어휘+

MP3 028

い형용사의 명사화

い형용사에 「さ」를 붙이면 척도, 정도를 나타내는 명사 형태가 돼요!

- 長(なが)い 길다 長(なが)さ 길이
- 広(ひろ)い 넓다 広(ひろ)さ 넓이
- 高(たか)い 높다 高(たか)さ 높이
- 良(よ)い 좋다 良(よ)さ 좋은 정도, 좋은 점
- 重(おも)い 무겁다 重(おも)さ 무게
- 大(おお)きい 크다 大(おお)きさ 크기
- 強(つよ)い 강하다 強(つよ)さ 강도
- 弱(よわ)い 약하다 弱(よわ)さ 약한 정도, 약함

색상 표현 い형용사

- 赤(あか)い 빨갛다
- 黄色(きいろ)い 노랗다
- 青(あお)い 파랗다
- 黒(くろ)い 까맣다
- 茶色(ちゃいろ)い 갈색이다

06

辛(から)い料理(りょうり)が好(す)きじゃありません。

매운 요리를 좋아하지 않습니다.

문법 포인트

- な형용사의 기본형과 정중형
- な형용사의 부정 네 가지
- 접속조사 「～が」 역접의 의미
- 기호와 능력에서 조사 「が」의 쓰임

학습 포인트

い형용사와 더불어 일본어 형용사를 이루는 な형용사. 일본에서는 な형용사를 대개 '형용동사'라고 부릅니다. な형용사는 단어의 형태만 보면 비교적 우리말과 친근해서 잘 익혀지는 특징이 있어요. 「簡単(かんたん)だ 간단하다」, 「便利(べんり)だ 편리하다」 처럼 말이죠. 또한, 이미 배운 명사와 문법이 매우 닮아 있어 복습하는 느낌으로 학습하시면 됩니다!

文法ぶんぽう

MP3 029

1 어간+だ (기본형) ~다, ~하다

彼女(かのじょ)はきれいだ。 그녀는 예쁘다.

スマホは便利(べんり)だ。 스마트폰은 편리하다.

図書館(としょかん)は静(しず)かだ。 도서관은 조용하다.

☑ 일본어의 형용사는 い・な형용사 두 가지가 있고, 그중 な형용사에 대한 학습입니다. な형용사는 어미가 「だ」로 끝나는데 「便利(べんり)+だ」의 구조로 우리말 매칭이 되겠죠.

↑ 편리+하다

2 ~だ탈락+です (정중형) ~(입)니다, ~합니다

テーブルは丈夫(じょうぶ)~~だ~~ + です。 테이블은 튼튼합니다.

この料理(りょうり)は簡単(かんたん)~~だ~~ + です。 이 요리는 간단합니다.

彼(かれ)は親切(しんせつ)~~だ~~ + です。 그는 친절합니다.

☑ な형용사의 경우, 어미 「だ」를 탈락한 후에 「です」를 붙여 줘야 정중한 말투가 됩니다. (い형용사의 경우, 어미탈락 없이 「です」를 붙이면 된다는 점! 두 형용사의 문법 변환 차이에 유의하세요.)

✦✦✦

TIP 「だ」와 「です」는 공존할 수 없다! 이것이 문법적 오류를 피하는 꿀팁!

예를 들어 「簡単(かんたん)だです」라는 실수를 하면, '간단하다입니다'라는 오류가 생기게 되는 격이에요.

☑ 여기에 의문조사「か」를 추가하면 정중하게 묻는 말투가 되겠죠?

예 テーブルは丈夫ですか。 테이블은 튼튼합니까?

この料理は簡単ですか。 이 요리는 간단합니까?

彼は親切ですか。 그는 친절합니까?

3 ~だ탈락+じゃありません (부정형) ~(하)지 않습니다

好き~~だ~~ + じゃありません。 좋아하지 않습니다.

上手~~だ~~ + じゃありません。 잘하지 못합니다.

☑ な형용사가 부정이 될 경우, 어미인「だ」는 탈락된다는 것을 명심해 주세요!

☑ 또한, 명사와 な형용사는 문법변환이 매우 비슷하기에 함께 외워 주면 큰 도움이 됩니다.

[な형용사] 부정 네 가지	
好き~~だ~~	ではありません
	ではない(です) ⋯→ 반말 가능
	じゃありません
	じゃない(です) ⋯→ 반말 가능

[명사] 부정 네 가지	
先生	ではありません
	ではない(です) ⋯→ 반말 가능
	じゃありません
	じゃない(です) ⋯→ 반말 가능

☑「では」는 문어체,「じゃ」는 회화체이며,「ないです」의 경우「です」를 빼 주면 반말이 가능해요!

예 好きではない / 好きじゃない 좋아하지 않다 / 좋아하지 않아

단어 □ **彼女** 그녀 □ **きれいだ** 예쁘다 □ **スマホ** 스마트폰 □ **便利だ** 편리하다 □ **図書館** 도서관 □ **静かだ** 조용하다 □ **テーブル** 테이블 □ **丈夫だ** 튼튼하다 □ **料理** 요리 □ **簡単だ** 간단하다 □ **彼** 그 □ **親切だ** 친절하다 □ **好きだ** 좋아하다 □ **上手だ** 잘하다

4 ~が = けど (접속조사) ~(이)지만, ~(인)데

下手(へた)ですが、真面目(まじめ)です。 잘 못합니다만, 성실합니다.

下手(へた)だけど、真面目(まじめ)です。 잘 못하지만, 성실해요.

大変(たいへん)ですが、好(す)きです。 힘듭니다만, 좋아합니다.

大変(たいへん)だけど、好(す)きです。 힘들지만, 좋아해요.

簡単(かんたん)ですが、不便(ふべん)です。 간단합니다만, 불편합니다.

簡単(かんたん)だけど、不便(ふべん)です。 간단하지만, 불편해요.

- な형용사의 종지형에 붙어 '[な형용사]이지만, [な형용사]인데'의 해석으로 사용됩니다.
- 「が」는 문어체, 「けど」는 회화체라는 차이가 있지만, 접속방법은 일치합니다.
- 문장 마지막에만 「です」를 사용해 주면 정중한 말투가 되기에 「が」와 「けど」 앞에는 「です」가 아닌 반말 형태인 「だ」가 와도 됩니다. 예문에서 「けど」가 들어간 문장처럼 말이죠.
  물론, 「下手(へた)ですけど、大変(たいへん)ですけど、簡単(かんたん)ですけど」도 가능합니다.
- 한편, 전체 반말의 문장을 만든다면 「が」와 「けど」 앞에는 반드시 「だ(반말)」만 올 수 있어요.
  예 簡単(かんたん)だけど、不便(ふべん)だ。 (O)
  簡単(かんたん)ですけど、不便(ふべん)だ。 (X)

단어 □ 下手(へた)だ 잘 못하다 □ 真面目(まじめ)だ 성실하다 □ 大変(たいへん)だ 힘들다 □ 簡単(かんたん)だ 간단하다 □ 不便(ふべん)だ 불편하다

5 조사 が의 쓰임 기호와 능력의 상황

기호 : 좋고 싫음			
우리말		일본어	
조사	기호	조사	기호
을/를	좋아하다	が	好(す)きだ
	싫어하다		嫌(きら)いだ

능력 : 잘하고 못함			
우리말		일본어	
조사	능력	조사	능력
을/를	잘하다	が	上手(じょうず)だ
	잘 못하다		下手(へた)だ

寿司(すし)が好(す)きです。
초밥을 좋아합니다.

夏(なつ)が嫌(きら)いです。
여름을 싫어합니다.

歌(うた)が上手(じょうず)です。
노래를 잘합니다.

運転(うんてん)が下手(へた)です。
운전을 잘 못합니다.

☑ [기호]와 [능력]을 이야기하는 상황에서 '~을/를 잘하다', '~을/를 좋아하다'와 같이 우리말은 '을/를'의 조사를 사용하지만, 일본에서는 「が」를 사용해야 합니다. 조사와 함께 외워 주세요!
예 ~が好(す)きだ / ~が上手(じょうず)だ

☑ 본래 조사 「が」는 '이/가'라는 의미를 가져요.

☑ 만약, '초밥은 좋아합니다' 혹은 '초밥도 좋아합니다'라고 이야기할 때는('을/를'의 조사가 아닌 경우)? 조사가 '은/는', '도'의 경우에는 기존의 조사를 그대로 사용합니다.
예 お寿司(すし)は好(す)きです。 초밥은 좋아합니다.
お寿司(すし)も好(す)きです。 초밥도 좋아합니다.

☑ 「上手(じょうず)だ」는 본인에게 사용할 수 없다???
'잘하다'는 칭찬의 뉘앙스가 섞여 있기 때문에 본인에게는 사용하지 않습니다. 내가 즐겨하면서 만족할 정도로 한다의 뉘앙스로 이야기할 때는 '능숙하다'라는 의미의 「得意(とくい)だ」를 사용합니다.

단어 □ **お寿司(すし)** 초밥 □ **歌(うた)** 노래 □ **上手(じょうず)だ** 잘하다 □ **夏(なつ)** 여름 □ **嫌(きら)いだ** 싫어하다 □ **運転(うんてん)** 운전
□ **得意(とくい)だ** 능숙하다, 자신 있다

会話文 かいわぶん

회화문 익히기

MP3 030

◆ 유나와 히로가 식당에서 메뉴를 고르며 요리와 관련된 이야기를 나누고 있다.

ユナ　ここはどんな料理(りょうり)がおいしいですか。

ひろ　ビビンバと牛丼(ぎゅうどん)がおいしいです。

ユナ　ひろさんは韓国料理(かんこくりょうり)が好(す)きですか。

ひろ　大好(だいす)きです。でも、辛(から)い料理(りょうり)は好(す)きじゃありません。

ユナ　韓国(かんこく)は辛(から)い料理(りょうり)がとても多(おお)いですよ。それじゃ大変(たいへん)ですね。

ひろ　そうなんです。つらいです。ユナさんは料理(りょうり)が上手(じょうず)ですか。

ユナ　いいえ、全(まった)く上手(じょうず)ではないですが、まあ、好(す)きですね。

단어 □ **料理(りょうり)** 요리　□ **ビビンバ** 비빔밥　□ **牛丼(ぎゅうどん)** 규동　□ **韓国料理(かんこくりょうり)** 한국요리　□ **好(す)きだ** 좋아하다
□ **大好(だいす)きだ** 매우 좋아하다　□ **辛(から)い** 맵다　□ **それじゃ** 그렇다면, 그럼　□ **大変(たいへん)だ** 힘들다
□ **つらい** 고통스럽다, 곤란하다　□ **上手(じょうず)だ** 잘하다　□ **全(まった)く** 전혀　□ **まあ** 그냥, 하여간, 좌우간

회화문 짚기

☑ 「ビビンバ」는 한국의 '비빔밥'을 일본어로 표기한 것이에요. 외래어이니 가타카나 표기가 되었죠. '밥'의 발음을 일본어로 옮기면 「バプ」가 되는데, 자연스럽게 발음하기 위해 「ビビンバ」로 사용됩니다.

☑ 韓国料理(かんこくりょうり)が好(す)きですか。 한국요리를 좋아합니까?
기호 표현인 「好(す)きだ」 앞에 「が」를 써서 '~을/를'의 의미가 됩니다.

☑ 韓国料理(かんこくりょうり) 한국요리
명사와 명사 사이에 기본적으로 「の」가 쓰여야 하지만 '고유명사'로서 사용될 땐 빼는 것이 가능합니다.
예 東京大学(とうきょうだいがく) 도쿄대학 (고유 대학 이름)
東京(とうきょう)の大学(だいがく) 도쿄에 있는 대학 (여러 곳이 해당됨)

☑ 大好(だいす)きです。 매우 좋아합니다.
「大(だい)」는 '매우, 대단히'라는 의미를 갖고 있어서 「好(す)きだ」 앞에 붙여 「大好(だいす)きだ 매우 좋아하다」
「嫌(きら)いだ」 앞에 붙여 「大嫌(だいきら)いだ 매우 싫어하다」를 표현할 수 있어요.

☑ 「上手(じょうず)ではないですが~」와 동일한 문장 세 가지 더 짚기!
上手(じょうず)ではありませんが
上手(じょうず)じゃありませんが
上手(じょうず)じゃないですが
} 잘하지 못하는데, 잘하지 못합니다만

해석

ユナ 여기는 어떤 요리가 맛있어요?
ひろ 비빔밥과 규동이 맛있어요.
ユナ 히로 씨는 한국요리를 좋아해요?
ひろ 엄청 좋아해요. 그렇지만 매운 요리는 좋아하지 않아요.
ユナ 한국은 매운 요리가 매우 많아요. 그렇다면 힘들겠네요.
ひろ 맞아요. 곤란해요. 유나 씨는 요리를 잘하나요?
ユナ 아니요, 전혀 잘하지 못하는데, 그냥 좋아해요.

MP3 031

1 단어를 외워 봅시다.

1 싫어하다 한자 : ________ 히라가나 : ________

2 못하다 ________ ________

3 친절하다 ________ ________

4 간단하다 ________ ________

5 성실하다 ________ ________

Hint! 簡単だ 丈夫だ 親切だ 大変だ 嫌いだ 下手だ 真面目だ 好きだ

2 문장을 만들어 봅시다.

1 도서관은 조용합니다.
図書館(としょかん)は ________ です。

2 노래를 잘 부르지 못합니다.
歌(うた) ____ ________ じゃありません。

3 그녀는 예쁩니까?
彼女(かのじょ)は ________ 。

4 여름을 좋아하지 않습니다. (네 가지 표현)
① 夏(なつ) ____ 好(す)き ________ 。 ② 夏(なつ) ____ 好(す)き ________ 。
③ 夏(なつ) ____ 好(す)き ________ 。 ④ 夏(なつ) ____ 好(す)き ________ 。

5 잘 못하지만 성실합니다.
下手(へた)です ____ 、真面目(まじめ)です。

6 이 일은 힘들지만 좋아합니다.
この仕事(しごと)は ________ けど、________ 。

3 말하고 써 봅시다.

〈な형용사의 부정형 연습〉

예제

案内員(あんないいん) 안내원 · **親切だ**(しんせつ) 친절하다

A : **案内員は親切ですか。**(あんないいん／しんせつ) 안내원은 친절합니까?

B : ① **はい、とても親切です。**(しんせつ) 네, 매우 친절합니다.

② **いいえ、あまり親切じゃありません。**(しんせつ) 아니요, 별로 친절하지 않습니다.

1 田中さんの子供・元気だ (たなか／こども／げんき)

A :

B : ①

②

2 ピアノ・上手だ (じょうず)

A :

B : ①

②

3 皿洗い・大変だ (さらあらい／たいへん)

A :

B : ①

②

✦✦✦ Tip! ✦✦✦

부정의 경우, 「ではありません」, 「ではないです」, 「じゃありません」, 「じゃないです」 네 가지 형태를 소리내서 연습해 보세요!

단어 □ **子供**(こども) 아이 □ **元気だ**(げんき) 활발하다 □ **ピアノ** 피아노 □ **上手だ**(じょうず) 잘하다 □ **皿洗い**(さらあらい) 설거지 □ **大変だ**(たいへん) 힘들다

〈접속조사 「～が / ～けど」 연습〉

예제

あの機械(きかい) 저 기계 • 便利(べんり)だ 편리하다 • 高(たか)い 비싸다

A : あの機械(きかい)はどうですか。 저 기계는 어떻습니까?

B : ① とても便利(べんり)ですが、高(たか)いです。 매우 편리합니다만, 비쌉니다.

② とても便利(べんり)だけど、高(たか)いです。 매우 편리하지만, 비쌉니다.

4 鈴木(すずき)さん • 真面目(まじめ)だ • ハンサムじゃない

A : ______________________________

B : ① ______________________________

② ______________________________

5 今回(こんかい)のレポート • 簡単(かんたん)だ • 大変(たいへん)だ

A : ______________________________

B : ① ______________________________

② ______________________________

6 この靴(くつ) • 好(す)きだ • 不便(ふべん)だ

A : ______________________________

B : ① ______________________________

② ______________________________

4 들어 봅시다.

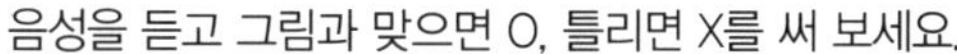

음성을 듣고 그림과 맞으면 O, 틀리면 X를 써 보세요.

①

②

③

④

⑤

□ **機械**(きかい) 기계 □ **真面目だ**(まじめ) 성실하다 □ **ハンサムだ** 핸섬하다 □ **レポート** 리포트 □ **簡単だ**(かんたん) 간단하다
□ **大変だ**(たいへん) 힘들다 □ **靴**(くつ) 구두 □ **不便だ**(ふべん) 불편하다 □ **公園**(こうえん) 공원 □ **汚い**(きたな) 더럽다, 지저분하다
□ **静かだ**(しず) 조용하다 □ **賑やかだ**(にぎ) 북적이다, 번화하다 □ **地下鉄**(ちかてつ) 지하철

MP3 033

필수 な형용사

- 好(す)きだ 좋아하다
- 上手(じょうず)だ 잘하다, 능숙하다
- 得意(とくい)だ 능숙하다, 자신 있다
- 派手(はで)だ 화려하다
- 賑(にぎ)やかだ 번화하다, 북적이다
- 便利(べんり)だ 편리하다
- 簡単(かんたん)だ 간단하다
- 楽(らく)だ 편하다
- 大丈夫(だいじょうぶ)だ 괜찮다
- きれいだ 예쁘다, 깨끗하다
- 暇(ひま)だ 한가하다
- 有名(ゆうめい)だ 유명하다
- 立派(りっぱ)だ 훌륭하다
- 親切(しんせつ)だ 친절하다
- 真面目(まじめ)だ 성실하다, 진지하다
- 丈夫(じょうぶ)だ 튼튼하다
- クールだ 쿨하다
- キュートだ 큐트하다, 귀엽다
- 嫌(きら)いだ 싫어하다
- 下手(へた)だ 못하다, 서투르다
- 苦手(にがて)だ 못하다, 자신 없다
- 地味(じみ)だ 수수하다
- 静(しず)かだ 조용하다
- 不便(ふべん)だ 불편하다
- 複雑(ふくざつ)だ 복잡하다
- 大変(たいへん)だ 큰일이다, 힘들다
- 大切(たいせつ)だ 소중하다
- 大事(だいじ)だ 중요하다
- 幸(しあわ)せだ 행복하다
- 駄目(だめ)だ 안 된다
- 素敵(すてき)だ 훌륭하다
- 朗(ほが)らかだ 명랑하다, 쾌활하다
- 新鮮(しんせん)だ 신선하다
- 元気(げんき)だ 활발하다
- ハンサムだ 핸섬하다, 잘생기다
- ラッキーだ 운이 좋다

07

建物(たてもの)が立派(りっぱ)できれいです。

건물이 훌륭하고 예쁩니다.

문법 포인트

- な형용사의 연결「～で」: ~하고, ~해서
- な형용사의 명사수식 : [な형용사]한 명사
- 접속조사「から」: ~기 때문에, ~니까 (원인, 이유)
- な형용사의 과거반말「だった」: ~했다
- な형용사의 과거정중형「でした」: ~했습니다

학습 포인트

な형용사는 명사와 문법구조가 매우 비슷해서 비교적 쉽게 익힐 수 있어요.
이번 시간에는 な형용사를 연결하거나 원인, 이유 등에 접속하여 문장을 좀 더 길게, 자연스럽고 능숙하게 이야기하는 연습을 하려 합니다.
또한 일본인 친구가 생기는 것에 대비해 존댓말과 더불어 반말도 학습하면서 레벨 업해 볼게요!

1 ~だ탈락 + で (연결형) ~하고, ~해서

親切(しんせつ)~~だ~~で真面目(まじめ)です。 친절하고 성실합니다.

キュート~~だ~~でハンサムです。 귀엽고 잘생겼습니다.

立派(りっぱ)~~だ~~できれいです。 훌륭하고 깨끗합니다.

- 병렬관계를 나타내는 「て형」의 な형용사 버전으로, な형용사 어미의 「だ」에서 탁음을 데려와 「で」가 되었다 생각해 주세요.
- '큐트하다, 핸섬하다'와 같이 영어와 결합된 형용사를 な형용사가 맡고 있어요.
  예 キュートだ・ハンサムだ

2 ~だ탈락 + な + 명사 (명사수식) [な형용사]한 명사

きれい~~だ~~ + な + 先生(せんせい) 예쁜 선생님

賑(にぎ)やか~~だ~~ + な + ところ 번화한 곳

静(しず)か~~だ~~ + な + 場所(ばしょ) 조용한 장소

- な형용사는 [だ탈락 + な]를 거쳐 명사를 수식합니다.

TIP 「だ」로 끝나는데 왜 [な형용사]인가요?

형용사의 중요한 역할이 명사수식인데, 이때 「な」가 붙어 'な형용사'라고 불리는 것이죠!

3 から (접속조사) ~니까, ~기 때문에

便利(べんり)だ ＋ から　편리하니까, 편리하기 때문에

真面目(まじめ)だ ＋ から　성실하니까, 성실하기 때문에

きれいだ + から　예쁘니까, 예쁘기 때문에 / 깨끗하니까, 깨끗하기 때문에

☑ 종지형(문장이 끝나는 형태인 「~だ、~です」)에 접속하여 원인이나 이유를 나타내 줍니다.

☑ 위 예문의 경우, 정중하게 말할 때는 각각 「便利(べんり)ですから・真面目(まじめ)ですから・きれいですから」로도 이야기할 수 있어요.

4 ~だ탈락 + でした (과거정중형) [な형용사]했습니다

丈夫(じょうぶ)~~だ~~でした。튼튼했습니다.

楽(らく)~~だ~~でした。편했습니다.

好(す)き~~だ~~でした。좋아했습니다.

☑ 어미 「だ」를 탈락시키고 「でした」를 붙여 주면 과거를 존댓말로 표현하게 됩니다.
한편, 반말로 과거를 이야기하려면 「った」를 붙여 줍니다.
예 きれい~~だ~~でした。예뻤습니다.　きれいだった。예뻤다.

TIP 「きれいだったです」라고 많이 실수해요!

「だった」 자체로 문장이 종지되었는데, 다시 종지형인 「です」가 나오면 어색한 문장이 됩니다.

단어
□ **親切(しんせつ)だ** 친절하다 □ **真面目(まじめ)だ** 성실하다 □ **キュートだ** 큐트하다, 귀엽다
□ **ハンサムだ** 핸섬하다, 잘생기다 □ **立派(りっぱ)だ** 훌륭하다 □ **きれいだ** 예쁘다, 깨끗하다
□ **賑(にぎ)やかだ** 번화하다 □ **ところ** 곳 □ **静(しず)かだ** 조용하다 □ **場所(ばしょ)** 장소 □ **便利(べんり)だ** 편리하다
□ **丈夫(じょうぶ)だ** 튼튼하다 □ **楽(らく)だ** 편하다 □ **好(す)きだ** 좋아하다

☑ 아래 표에서 과거의 전반적인 형태를 확인해 볼게요.

	현재	과거	부정	부정과거
반말	好きだ	好きだ+った	好きではない 好きじゃない	好きではなかった 好きじゃなかった
	좋아하다	좋아했다	좋아하지 않다	좋아하지 않았다
정중형	好きです	好き+でした	好きではありません 好きではない+です 好きじゃありません 好きじゃない+です	好きではありませんでした 好きではなかった+です 好きじゃありませんでした 好きじゃなかった+です
	좋아합니다	좋아했습니다	좋아하지 않습니다	좋아하지 않았습니다

우리말과 일본어는 어순이 동일하기에 우리말 어순대로 만들어 주면 됩니다.

필수 공식은 부정 먼저, 과거 나중!

좋아하지 않 았다 = 좋아하지 않다(부정) + 았다(과거)

→ 부정 → 과거 好きじゃな~~い~~ + かった

❶ 부정 만들기 ❷ い형용사 과거 접속

TIP 왜 な형용사 문법인데 い형용사의 과거로 접속되나요?

[な형용사] 「好きだ 좋아하다」는 부정을 거치며 「好きじゃない 좋아하지 않다」가 되는데, 이는 [い형용사]가 된다고 보면 됩니다. 부정을 통해 「～ない」로 변환되었고, 과거를 접속해 주려면 「～なかった」가 돼야 하죠.

너무 많이 틀리는 이 문법! 「が」와 「から」의 사용이 헷갈릴 때

1. 한국어와 매칭하여 우선 각각 어떤 품사에 접속되는지 파악해 볼게요.

	が		から	
	① 이/가	② ~지만	① 부터	② ~니까
명사	O	O	O	O
な형용사	X	O	X	O
い형용사	X	O	X	O

2. 가장 쉬운 품사별 단어를 가지고 와 접속해 봅니다.

	が		から	
	① 이/가	② ~지만	① 부터	② ~니까
명사	先生(せんせい)が	先生(せんせい)だが	先生(せんせい)から	先生(せんせい)だから
な형용사	X	きれいだが	X	きれいだから
い형용사	X	おいしいが	X	おいしいから

중요!

명사는 유일하게 두 가지 사용이 가능하죠. ①에 해당하는 '이/가, 부터'에 접속할때는 바로 붙여 주면 되지만, ②번에 접속할 때에는 '선생님이다(先生(せんせい)だ)'를 만들어 줘야 해요. 쉽게 우리말로 생각해보면 '선생님이지만', '선생님이니까'를 자연스럽게 말하게 되죠? 본래 '지만, 니까'였던 것이 '이지만, 이니까'가 되었으므로 「先生(せんせい)だ(선생님이다)」를 동일하게 만들어 줘야 한다고 이해하면 간단합니다.

3. 1, 2번의 접속이 모두 가능한 [명사]만 설명해 볼게요.

が	① 이/가	② ~지만
	お水(みず)が新鮮(しんせん)だ。물이 신선하다.	お水(みず)だが新鮮(しんせん)だ。물이지만 신선하다.
から	① 부터	② ~니까
	お水(みず)から新鮮(しんせん)だ。물부터 신선하다.	お水(みず)だから新鮮(しんせん)だ。물이니까 신선하다.

会話文 かいわぶん

회화문 익히기

MP3 035

◆ 번화한 장소에서 만난 유나와 히로가 대화를 하고 있다.

ユナ　ここはとても賑(にぎ)やかですね。

ひろ　そうですね。特(とく)に建物(たてもの)が立派(りっぱ)できれいです。
　　　それに交通(こうつう)も便利(べんり)だからいいですね。

ユナ　でも、賑(にぎ)やかなところだから、少(すこ)しうるさいですね。

ひろ　ユナさんは静(しず)かなところが好(す)きですか。

ユナ　いえ、前(まえ)はうるさい場所(ばしょ)は苦手(にがて)でしたが、
　　　今(いま)は大丈夫(だいじょうぶ)です。

단어 □ **賑(にぎ)やかだ** 번화하다 □ **特(とく)に** 특히 □ **建物(たてもの)** 건물 □ **立派(りっぱ)だ** 훌륭하다 □ **きれいだ** 예쁘다, 깨끗하다
□ **それに** 게다가 □ **交通(こうつう)** 교통 □ **便利(べんり)だ** 편리하다 □ **ところ** 곳 □ **少(すこ)し** 조금 □ **うるさい** 시끄럽다
□ **静(しず)かだ** 조용하다 □ **好(す)きだ** 좋아하다 □ **前(まえ)** 전, 앞 □ **場所(ばしょ)** 장소
□ **苦手(にがて)だ** 잘 안 맞다, 자신없다, 싫어하다 □ **今(いま)** 지금 □ **大丈夫(だいじょうぶ)だ** 괜찮다

회화문 짚기

☑ 立派(りっぱ)できれいですね。 훌륭하고 예쁘네요.

立派(りっぱ)~~だ~~+で 훌륭하고, 훌륭해서 (な형용사의 연결형)

☑ 便利(べんり)だからいいですね。 편리하니까 좋네요.

[원인]과 [이유]의 「から」를 붙여 주기 위해 앞에는 종지형이 와야 해요.

① 便利(べんり)だ (종지형)+から 편리하니까

② 便利(べんり)です (종지형)+から 편리하니까

정중형인 「いいですね」로 문장이 끝났기 때문에 ②의 문장으로 사용해도 좋아요.

☑ 왜 な형용사인지 기억하자!

형용사의 가장 큰 역할은 명사를 수식해 준다는 점이죠!

[な형용사]는 [명사]를 수식할 때 어미탈락 후 「な」가 붙기 때문에 [な형용사]입니다!

賑(にぎ)やか~~だ~~な+ところ 번화한 곳

☑ 「苦手(にがて)だ」를 우리말로 한마디로 표현하긴 힘들어요.

'못하다, 자신없다, 싫어하다, 잘 안 맞다' 등의 해석이 가능한 「苦手(にがて)だ」는 여러 상황에서 쓰입니다. 전에 시끄러운 장소를 「苦手(にがて)」했다는 건, 익숙치 않은 느낌, 불편한 느낌, 잘 안 맞는 느낌 정도로 이해해 주시면 돼요!

해석

ユナ 여기는 매우 번화하네요.

ひろ 그렇네요. 특히 건물이 훌륭하고 예뻐요.

게다가 교통도 편리하니까 좋네요.

ユナ 그렇지만 번화한 곳이니까 조금 시끄럽네요.

ひろ 유나 씨는 조용한 곳을 좋아해요?

ユナ 아뇨, 전에는 시끄러운 곳은 좀 안 맞았는데, 지금은 괜찮아요.

問題もんだい

문제로 확인하기

MP3 036

1 단어를 외워 봅시다.

1 번화하다 한자 : ________ 히라가나 : ________

2 조용하다 ________ ________

3 편리하다 ________ ________

4 훌륭하다 ________ ________

5 자신 없다(잘 못하다) ________ ________

Hint! 賑やかだ　簡単だ　苦手だ　大変だ　便利だ　下手だ　立派だ　静かだ

2 문장을 만들어 봅시다.

1 친절하고 성실합니다.

________ で、________ です。

2 번화한 곳을 좋아합니다.

________ ところ ________ 好(す)きです。

3 운이 좋으니까 잘됐네요.

ラッキー ________ 、よかったですね。

4 전에는 자신 없었습니다.

前(まえ)は、苦手(にがて) ________ 。

5 한가한 사람은 누구인가요?

________ 人(ひと)は誰(だれ)ですか。

6 훌륭하고 깨끗하니까 유명합니다.

立派(りっぱ) ________ 、きれい ________ 有名(ゆうめい)です。

3 말하고 써 봅시다.

〈な형용사의 명사수식과 연결〉

예제

きれいだ 예쁘다・人(ひと) 사람・おもしろい 재미있다

きれいな人(ひと)でおもしろいです。

예쁜 사람이고(라서) 재미있어요.

1 親切(しんせつ)だ・先生(せんせい)・好(す)きだ

2 新鮮(しんせん)だ・お寿司(すし)・人気(にんき)だ

3 簡単(かんたん)だ・レシピ・有名(ゆうめい)だ

단어 □ **親切(しんせつ)だ** 친절하다 □ **新鮮(しんせん)だ** 신선하다 □ **レシピ** 요리법, 레시피 □ **有名(ゆうめい)だ** 유명하다

〈접속조사「から」와 과거형〉

예제

彼女(かのじょ) 그녀 • 真面目(まじめ)だ 진지하다 • 静(しず)かだ 조용하다

① 과거반말 : 彼女(かのじょ)は真面目(まじめ)だから静(しず)かだった。
그녀는 진지하니까 조용했다.

② 과거정중형 : 彼女(かのじょ)は真面目(まじめ)だから静(しず)かでした。
그녀는 진지하니까 조용했습니다.

4 あの建物(たてもの) • 立派(りっぱ)だ • 有名(ゆうめい)だ

① 과거반말 : ____________________

② 과거정중형 : ____________________

5 ピアノ • 下手(へた)だ • 嫌(きら)いだ

① 과거반말 : ____________________

② 과거정중형 : ____________________

6 そのベッド • 楽(らく)だ • 好(す)きだ

① 과거반말 : ____________________

② 과거정중형 : ____________________

단어 □ **建物(たてもの)** 건물 □ **立派(りっぱ)だ** 훌륭하다 □ **下手(へた)だ** 잘못하다 □ **嫌(きら)いだ** 싫어하다 □ **ベッド** 침대
□ **楽(らく)だ** 편하다

4 다음 장문을 읽고 해석해 보세요.

韓国(かんこく)での旅行(りょこう)はとても楽(たの)しいです。

韓国本場(かんこくほんば)の料理(りょうり)がとてもおいしいからです。

学生(がくせい)の私(わたし)には少(すこ)し高(たか)いですが、焼肉(やきにく)が一番(いちばん)好(す)きです。

そして、有名(ゆうめい)な観光(かんこう)スポットも多(おお)くて2泊(はく)3日(みっか)は足(た)りないくらいです。

この前(まえ)のソウル旅行(りょこう)も楽(たの)しくて幸(しあわ)せでした。

道(みち)がきれいで、意外(いがい)と日本語(にほんご)が上手(じょうず)な人(ひと)も多(おお)かったです。

みんな親切(しんせつ)だったから、とてもよかったです。

次回(じかい)の海外旅行(かいがいりょこう)も韓国(かんこく)がいいです。

단어

□ **～で** ～에서　□ **旅行(りょこう)** 여행　□ **楽(たの)しい** 즐겁다　□ **韓国本場(かんこくほんば)** 한국 본고장　□ **料理(りょうり)** 요리
□ **～に** ～에게　□ **少(すこ)し** 조금　□ **焼肉(やきにく)** 야키니쿠(고기 등을 구워 먹는 요리, 불고기)　□ **そして** 그리고
□ **観光(かんこう)スポット** 관광 스폿　□ **2泊(はく)3日(みっか)** 2박 3일　□ **足(た)りない** 부족하다　□ **くらい** 정도
□ **この前(まえ)** 이전　□ **幸(しあわ)せだ** 행복하다　□ **道(みち)** 길　□ **意外(いがい)と** 의외로　□ **みんな** 모두　□ **次回(じかい)** 다음번, 다음
□ **海外旅行(かいがいりょこう)** 해외여행

5 여행지에서의 자신의 감상을 글로 써 보세요.

6 들어 봅시다.

대화를 잘 듣고 과거와 현재의 감상에 대해 되도록 구체적으로 적어 주세요.

MP3 037

1 현재 ______ 과거 ______

2 현재 ______ 과거 ______

3 현재 ______ 과거 ______

4 현재 ______ 과거 ______

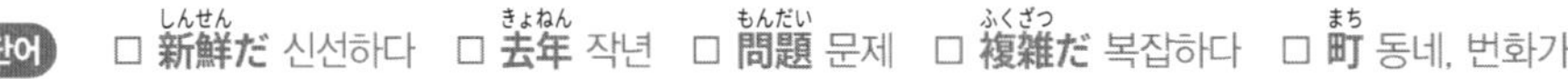

문제+

확인해 봅시다!

1. な형용사 여러 문법을 사용한 문장 만들기

① 교통이 편리하다. ⇒ ____________

② 교통이 편리합니다. ⇒ ____________

③ 편리한 교통 ⇒ ____________

④ 교통이 편리하지 않다. ⇒ ____________

⑤ 교통이 편리하지 않습니다. ⇒ ____________

⑥ 교통이 편리하고 좋습니다. ⇒ ____________

⑦ 교통이 편리했다. ⇒ ____________

⑧ 교통이 편리했습니다. ⇒ ____________

⑨ 교통이 편리하지 않았다. ⇒ ____________

⑩ 교통이 편리하지 않았습니다. ⇒ ____________

2. 반의어 쓰기

① 好(す)きだ ⇔ ____________

② 便利(べんり)だ ⇔ ____________

③ 上手(じょうず)だ ⇔ ____________

④ 派手(はで)だ ⇔ ____________

단어 ☐ 交通(こうつう) 교통 ☐ 便利(べんり)だ 편리하다

い·な형용사 문법정리

		い형용사	な형용사
사전형		おいしい	きれいだ
		맛있다	예쁘다
정중형		おいしいです	きれい~~だ~~です
		맛있습니다	예쁩니다
명사수식		おいしい+すし	きれい~~だ~~な+先生(せんせい)
		맛있는 초밥	예쁜 선생님
부정	반말	おいし~~い~~くない	きれい~~だ~~ではない きれい~~だ~~じゃない
		맛있지 않다	예쁘지 않다
	정중	おいし~~い~~くないです	きれい~~だ~~ではないです きれい~~だ~~じゃないです
		おいし~~い~~くありません	きれい~~だ~~ではありません きれい~~だ~~じゃありません
		맛있지 않습니다	예쁘지 않습니다
연결		おいし~~い~~くて	きれい~~だ~~で
		맛있고, 맛있어서	예쁘고, 예뻐서
~니까		おいしいから	きれいだから
		맛있으니까	예쁘니까
~지만		おいしいが(=けど)	きれいだが(=けど)
		맛있지만	예쁘지만

い·な형용사 현재 패턴 총정리

			い형용사	な형용사
현재	긍정	반말	おいしい	きれいだ
			맛있다	예쁘다
		정중	おいしいです	きれい~~だ~~です
			맛있습니다	예쁩니다
	부정	반말	おいし~~い~~くない	きれい~~だ~~ではない きれい~~だ~~じゃない
			맛있지 않다	예쁘지 않다
		정중	おいし~~い~~くないです おいし~~い~~くありません	きれい~~だ~~ではないです きれい~~だ~~じゃないです きれい~~だ~~ではありません きれい~~だ~~じゃありません
			맛있지 않습니다	예쁘지 않습니다

い·な형용사 과거 패턴 총정리

			い형용사	な형용사
과거	긍정	반말	おいし~~い~~かった	きれいだった
			맛있었다	예뻤다
		정중	おいし~~い~~かったです	きれい~~だ~~でした
			맛있었습니다	예뻤습니다
	부정	반말	おいし~~い~~くなかった	きれい~~だ~~ではなかった きれい~~だ~~じゃなかった
			맛있지 않았다	예쁘지 않았다
		정중	おいし~~い~~くなかったです おいし~~い~~くありませんでした	きれい~~だ~~ではなかったです きれい~~だ~~じゃなかったです きれい~~だ~~ではありませんでした きれい~~だ~~じゃありませんでした
			맛있지 않았습니다	예쁘지 않았습니다

このワンピースはいくらですか。

이 원피스는 얼마입니까?

문법 포인트

- '얼마예요?' 표현하기
- '~개 주세요' (서수와 요청 표현)
- 가격 말하기
- 그 밖의 달력, 요일 등 읽어 보기

학습 포인트

이번 학습에서는 문법보단 오히려 숫자 관련 명사의 향연이라고 볼 수 있어요.
숫자를 읽고 '몇 개 주세요'라고 하는 요청은 우리가 일본 여행에 가서 사용할 수 있는 기본적인 회화표현이니 잘 익혀 두었다가 멋지게 내뱉어 봐요!

MP3 038

1 ~はいくらですか。 ~는 얼마입니까?

このTシャツはいくらですか。 이 티셔츠는 얼마입니까?

そのかばんはいくらですか。 그 가방은 얼마입니까?

2 서수(한 개, 두 개~) +ください。 ~개 주세요.

一つ	二つ	三つ	四つ	五つ	六つ	七つ	八つ	九つ	十
한 개	두 개	세 개	네 개	다섯 개	여섯 개	일곱 개	여덟 개	아홉 개	열 개

3 수량 + で ~해서

全部でいくらですか。 전부 해서 얼마예요?

二つで300円です。 두 개 해서 300엔입니다.

단어 □ Tシャツ 티셔츠 □ いくら 얼마 □ かばん 가방 □ 全部 전부

4 お客様(きゃくさま)のお会計(かいけい)は～円(えん)でございます。

손님의 결제하실 금액은 ~엔입니다.

☑ 「お会計(かいけい)」을 한자 그대로 봤을 때는 '회계'라고 읽지만, 이는 물건의 값을 지불하는 '계산'의 의미로 사용됩니다. 우리말로 '계산해 주세요'에 쓰인 「計算(けいさん) 계산」은 일본어에서는 덧셈, 뺄셈 등의 산수의 의미로 사용되는 것으로, 물건 값을 지불할 때는 사용하지 않아요.

5 ～円(えん)です。 ~엔입니다.

さんぜんきゅうひゃく円(えん)です。 3,900엔입니다.

いちまんはっぴゃく円(えん)です。 10,800엔입니다.

	10000	1000	100	10	1	
1	いちまん	せん	ひゃく	じゅう	いち	
2	にまん	にせん	にひゃく	にじゅう	に	
3	さんまん	さんぜん	さんびゃく	さんじゅう	さん	
4	よんまん	よんせん	よんひゃく	よんじゅう	よ	
5	ごまん	ごせん	ごひゃく	ごじゅう	ご	円(えん)
6	ろくまん	ろくせん	ろっぴゃく	ろくじゅう	ろく	
7	ななまん	ななせん	ななひゃく	ななじゅう	なな	
8	はちまん	はっせん	はっぴゃく	はちじゅう	はち	
9	きゅうまん	きゅうせん	きゅうひゃく	きゅうじゅう	きゅう	

☑ 표의 순서에 맞춰 앞의 큰 자릿수부터 읽어 나가면 됩니다.

□ **お客様(きゃくさま)** 손님, 고객님 □ **お会計(かいけい)** 결제금액

6 ～はいつですか。～은 언제입니까?

1) 月(がつ) 월

1月	2月	3月	4月	5月	6月
いちがつ	にがつ	さんがつ	しがつ	ごがつ	ろくがつ
7月	8月	9月	10月	11月	12月
しちがつ	はちがつ	くがつ	じゅうがつ	じゅういちがつ	じゅうにがつ

2) 日(にち) 일

1日	2日	3日	4日	5日
ついたち	ふつか	みっか	よっか	いつか
6日	7日	8日	9日	10日
むいか	なのか	ようか	ここのか	とおか
11日	12日	13日	14日	15日
じゅういちにち	じゅうににち	じゅうさんにち	じゅうよっか	じゅうごにち
16日	17日	18日	19日	20日
じゅうろくにち	じゅうしちにち	じゅうはちにち	じゅうくにち	はつか
21日	22日	23日	24日	25日
にじゅういちにち	にじゅうににち	にじゅうさんにち	にじゅうよっか	にじゅうごにち
26日	27日	28日	29日	30日
にじゅうろくにち	にじゅうしちにち	にじゅうはちにち	にじゅうくにち	さんじゅうにち

3) 曜日(ようび) 요일

월	화	수	목	금	토	일
月曜日(げつようび)	火曜日(かようび)	水曜日(すいようび)	木曜日(もくようび)	金曜日(きんようび)	土曜日(どようび)	日曜日(にちようび)

회화+

각자 대답해 볼까요?

- 誕生日(たんじょうび)はいつですか。

- ご両親(りょうしん)の結婚記念日(けっこんきねんび)はいつですか。

- 旅行(りょこう)はいつからいつまでですか。

- 夏休(なつやす)みはいつからいつまでですか。

- テストは何月何日(なんがつなんにち)ですか。

□ **誕生日**(たんじょうび) 생일 □ **ご両親**(りょうしん) 부모님 □ □ **結婚記念日**(けっこんきねんび) 결혼기념일 □ **旅行**(りょこう) 여행
□ **夏休み**(なつやすみ) 여름방학, 여름휴가 □ **何月何日**(なんがつなんにち) 몇 월 며칠

会話文 かいわぶん

회화문 익히기

MP3 039

◆ 유나가 옷가게에서 쇼핑을 하며 점원과 이야기를 하고 있다.

店員(てんいん) いらっしゃいませ。

ユナ すみません。このT(ティー)シャツはいくらですか。

店員(てんいん) この商品(しょうひん)は、3,900円(さんぜんきゅうひゃくえん)です。

ユナ いいですね。あと、流行(はや)りのワンピースはどれですか。

店員(てんいん) これはどうですか。新商品(しんしょうひん)でとても人気(にんき)ですよ。

ユナ 色(いろ)とデザインがとてもかわいいですね。いくらですか。

店員(てんいん) 6,900円(ろくせんきゅうひゃくえん)です。

ユナ じゃ、どちらも素敵(すてき)だから一(ひと)つずつください。
全部(ぜんぶ)でいくらですか。

店員(てんいん) ありがとうございます。
お客様(きゃくさま)のお会計(かいけい)は10,800円(いちまんはっぴゃくえん)でございます。

단어
□ **店員(てんいん)** 점원 □ **T(ティー)シャツ** 티셔츠 □ **いくら** 얼마 □ **商品(しょうひん)** 상품 □ **あと** 그리고 (회화에서 사용)
□ **流行(はや)り** 유행 □ **ワンピース** 원피스 □ **新商品(しんしょうひん)** 신상품 □ **명사+で** [명사]이고 □ **人気(にんき)** 인기
□ **色(いろ)** 색 □ **と** ~와/과 □ **デザイン** 디자인 □ **どちらも** 둘 다(어느 쪽도) □ **素敵(すてき)だ** 근사하다, 멋지다
□ **ずつ** 씩 □ **お客様(きゃくさま)** 손님 □ **お会計(かいけい)** 결제금액
□ **~でございます** 「です」의 겸양표현으로 '입니다'를 더욱 정중하게 사용한 표현

회화문 짚기

☑ いらっしゃいませ。 어서 오세요.

- いらっしゃる : '오다'의 존경어
- ませ : 상대에게 뭔가를 정중히 요구할 때 쓰이는 명령형

} 어서 오세요

☑ 「すみません」의 사용에 대해

흔히 '죄송합니다'로 알고 있지만, 그 밖에도 여러 상황에서 쓰인답니다.
점원을 부를 때, 인기척을 내고 싶을 때, 부탁을 하면서 미안한 마음을 전달할 때, 선물을 받고 감사의 마음을 전할 때, 어떠한 물건을 받아도 되나 싶은 미안한 마음이 있을 때 등 너무 많죠? 여기서는 첫 번째 점원을 부르는 의미로 쓰였네요.

☑ 「Tシャツ」의 [T] 발음 표기 : 장음에 유의!

テ[t/ㅌ]+ィ[i/ㅣ]+ー= ティー[ti/티]

↑ 요음처럼 작게 표기

☑ どちらも 둘 다 (직역 : 어느 쪽도)

직역으로는 우리말로 위화감이 느껴지죠. 이건 '양쪽 모두'를 뜻하는 '둘 다'의 의미가 됩니다.

☑ 全部(ぜんぶ)で 전부 해서

「수량+で」를 붙이면 '[수량] 해서'라는 뜻이 됩니다.

예 三(みっ)つでいくらですか。 3개 해서 얼마예요?

☑ お客様(きゃくさま)のお会計(かいけい)は OOO円(えん)でございます。 손님이 결제하실 금액은 ○○○엔입니다.

결제를 하는 상황에서 점원이 금액을 고지할 때 쓰는 표현이니 알아 두면 좋아요.

해석

店員(てんいん) 어서 오세요.

ユナ 저기요, 이 티셔츠는 얼마예요?

店員(てんいん) 이 상품은 3,900엔입니다.

ユナ 좋네요. 그리고 유행하는 원피스는 어느 것인가요?

店員(てんいん) 이건 어떠세요? 신상품이고 매우 인기예요.

ユナ 색상과 디자인이 매우 귀엽네요. 얼마예요?

店員(てんいん) 6,900엔입니다

ユナ 그럼, 둘 다 예쁘니까 하나씩 주세요.
전부 해서 얼마인가요?

店員(てんいん) 감사합니다. 손님이 결제하실 금액은 10,800엔입니다.

問題もんだい
문제로 확인하기

MP3 040

1 단어를 외워 봅시다.

1 손님 한자 : ________ 히라가나 : ________

2 유행 ________ ________

3 인기 ________ ________

4 상품 ________ ________

5 전부 ________ ________

6 결제금액 ________ ________

Hint! 商品 流行り 人気 色 お客様 お会計 全部

2 문장을 만들어 봅시다.

1 이 티셔츠는 얼마입니까?

この ________ は ________。

2 두 개 주세요.

________ ください。

3 한 개씩 주세요.

________ ________ ください。

4 6,900엔입니다.

________ 円(えん)です。

5 10,800엔입니다.

________ 円(えん)です。

6 둘 다 예쁘네요.

________ きれいですね。

3 말하고 써 봅시다.

ケーキ 케이크・450円(えん) 450엔・四(よっ)つ 네 개・1,800円(えん) 1,800엔

A: このケーキはいくらですか。이 케이크는 얼마인가요?

B: 一(ひと)つ、よんひゃくごじゅう円(えん)です。한 개 450엔입니다.

A: じゃ、四(よっ)つください。그럼, 네 개 주세요.

B: 全部(ぜんぶ)で、せんはっぴゃく円(えん)です。전부 해서 1,800엔입니다.

1 りんご・210円(えん)・六(むっ)つ・1,260円(えん)

A: ______________________

B: 一(ひと)つ、______________________

A: ______________________

B: ______________________

2 チョコレート・90円(えん)・三(みっ)つ・270円(えん)

A: ______________________

B: 一(ひと)つ、______________________

A: ______________________

B: ______________________

단어 □ **りんご** 사과 □ **チョコレート** 초콜릿

③ ボール・930円(えん)・五(いつ)つ・4,650円(えん)

A：

B：一(ひと)つ、

A：

B：

4 들어 봅시다.

MP3 041

다음을 듣고 개수와 금액을 맞춰 보세요.

①

개수 : 금액 :

②

개수 : 금액 :

③

개수 : 금액 :

④

개수 : 금액 :

단어 □ **ボール** 공 □ **ケーキ** 케이크 □ **アイスコーヒー** 아이스커피

회화+

시간표를 보며 날짜, 요일, 시간 말하기

講義の時間割					
	月 (24日)	火 (25日)	水 (26日)	木 (27日)	金 (28日)
10時	00 日本語文法			00 日本語会話	00 国際法
11時		00 パソコン		30	20
12時	お昼休み				
13時	30 英語		00 近現代日本史	00 言語とコミュニケーション	
14時		00 日本文学	35		
15時				30 体育_ゴルフ	00 サークル活動

1. 昼休みは何時から何時までですか。
2. 英語の講義は何曜日の何時からですか。
3. サークル活動は何曜日の何時からですか。
4. 日本語会話は何日の何時から何時までですか。
5. 日本文学は何日の何時からですか。

질문 외에도 날짜와 요일 시간 등을 사용하여 수업시간표에 대해 자유롭게 말해 보세요.

단어
☐ **講義** 강의 ☐ **時間割** 시간표 ☐ **文法** 문법 ☐ **英語** 영어 ☐ **文学** 문학 ☐ **近現代** 근현대
☐ **日本史** 일본사 ☐ **会話** 회화 ☐ **言語** 언어 ☐ **コミュニケーション** 커뮤니케이션 ☐ **体育** 체육
☐ **ゴルフ** 골프 ☐ **国際法** 국제법 ☐ **サークル** 서클, 동아리 ☐ **活動** 활동

韓国(かんこく)より日本(にほん)の方(ほう)が安(やす)いです。

한국보다 일본 쪽이 저렴합니다.

문법 포인트

- 둘 중 비교하기 (예: A랑 B 중에서 뭐를 좋아해요?)
- 대분류 속 셋 이상 중에서 비교하기
  (예: 과일 중에서 뭐가 제일 달아요?)
- '~보다'를 사용해서 비교 표현하기

학습 포인트

이 문법을 통해 자신의 기호, 생각하는 우선순위에 대해 말할 수 있게 됩니다.
또한 상대방이 좋아하는 것, 생각하는 것 등을 자유자재로 질문할 수 있게 되어서, 회화 능력이 상승하는 것을 체험할 수 있습니다.

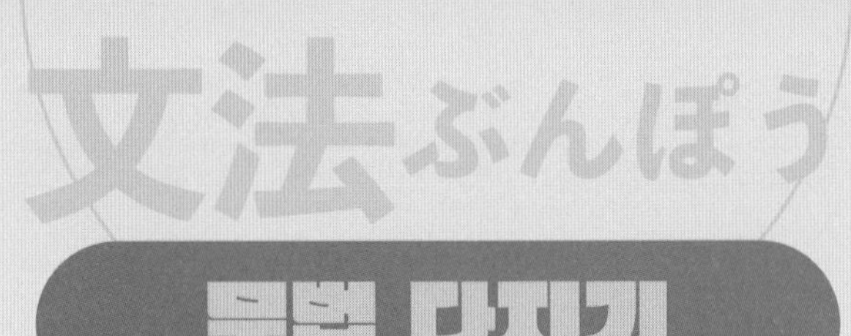

MP3 042

1 [명사]と [명사](と)、どちらが～ですか。

[명사]와 [명사](와), 어느 쪽이 ~합니까?

コーヒーと紅茶(こうちゃ)(と)、どちらが好(す)きですか。
커피와 홍차, 어느 쪽을 좋아해요?

ももといちご(と)、どちらがおいしいですか。
복숭아와 딸기, 어느 쪽이 맛있어요?

バスとタクシー(と)、どちらがコスパがいいですか。
버스와 택시, 어느 쪽이 가성비가 좋아요?

- ☑ 두 가지를 비교할 때 쓰이는 화법입니다.
- ☑ 더 자연스럽게 우리말로 표현하자면 '~랑 ~중에서 뭐가 좋아요?'라고 하는 말투입니다.
- ☑ 괄호 안의 (と)는 생략하면, 회화에서 더 많이 사용하는 자연스러운 말투가 돼요.
- ☑ 각종 형용사를 넣어 표현해 봅시다.

どちらが辛(から)いですか。 어느 쪽이 매워요?

どちらが速(はや)いですか。 어느 쪽이 빨라요?

どちらが有名(ゆうめい)ですか。 어느 쪽이 유명해요?

2 [명사] より [명사] の方が ～です。 [명사]보다 [명사] 쪽이 ～합니다.

韓国より日本の方が安いです。
한국보다 일본 쪽이 저렴합니다.

ももよりいちごの方が好きです。
복숭아보다 딸기 쪽을 좋아합니다.

タクシーよりバスの方がコスパがいいです。
택시보다 버스 쪽이 가성비가 좋습니다.

- ☑ 일본어 형용사에는 비교 활용이 없어 「～より～の方が」로 풀어 설명합니다.
- ☑ 비교 대상을 「より」 앞에 넣고 주가 되는 대상을 「の方」가 앞에 둡니다.

  명사 より　**명사** の 方
  ↑ 비교 대상　↑ 주가 되는 대상

- ☑ 「方」는 '쪽'이라는 뜻으로 [명사]입니다. 주가 되는 [대상(명사)]이 「方」를 수식하므로, [대상]과 「方」 사이에 「の」가 와야 합니다.

단어 □ **紅茶** 홍차 □ **もも** 복숭아 □ **いちご** 딸기 □ **バス** 버스 □ **タクシー** 택시 □ **コスパ** 가성비 □ **辛い** 맵다 □ **速い** 빠르다 □ **有名だ** 유명하다 □ **方** 쪽, 방향 □ **安い** 싸다

3 [명사] の中(なか)で何(なに)が一番(いちばん)~ですか。

[명사] 중에서 뭐가 가장 ~입니까?

飲(の)み物(もの)の中(なか)で何(なに)が一番(いちばん)おいしいですか。
음료 중에서 뭐가 가장 맛있어요?

家族(かぞく)の中(なか)で誰(だれ)が一番(いちばん)優(やさ)しいですか。
가족 중에서 누가 가장 상냥해요?

季節(きせつ)の中(なか)でいつが一番(いちばん)好(す)きですか。
계절 중에서 언제를 가장 좋아해요?

日本(にほん)の中(なか)でどこが一番(いちばん)人口(じんこう)が多(おお)いですか。
일본 안에서 어디가 가장 인구가 많아요?

この果物(くだもの)の中(なか)でどれが一番(いちばん)新鮮(しんせん)ですか。
이 과일 중에서 어느 것이 가장 신선해요?

- ☑ 세 가지 이상을 비교할 때 쓰이는 화법입니다.
- ☑ 대분류가 되는 명사를 앞에 두고 「~の中(なか)で」를 붙여 '[대분류] 중에서'라는 의미가 됩니다.

  대분류 (↑ 명사) ― の (명사와 명사의 연결) ― 中(なか)で (↑ 명사)

- ☑ 밑줄 부분에는 「何(なに) 무엇」, 「誰(だれ) 누구」, 「いつ 언제」, 「どこ 어디」, 「どれ 어느 것」와 같은 의문사를 넣어 다양하게 이야기할 수 있어요.

단어 □ **飲(の)み物(もの)** 음료 □ **中(なか)** 중, 속 □ **一番(いちばん)** 가장 □ **家族(かぞく)** 가족 □ **誰(だれ)** 누구 □ **優(やさ)しい** 상냥하다 □ **季節(きせつ)** 계절 □ **いつ** 언제 □ **好(す)きだ** 좋아하다 □ **どこ** 어디 □ **人口(じんこう)** 인구 □ **多(おお)い** 많다 □ **果物(くだもの)** 과일 □ **どれ** 어느 것 □ **新鮮(しんせん)だ** 신선하다

어휘+

MP3 043

알아 두면 좋은 단어

季節(きせつ) 계절	春(はる) 봄	夏(なつ) 여름	
	秋(あき) 가을	冬(ふゆ) 겨울	
乗り物(のりもの) 탈것	自転車(じてんしゃ) 자전거	バス 버스	タクシー 택시
	電車(でんしゃ) 전철	地下鉄(ちかてつ) 지하철	飛行機(ひこうき) 비행기
日本料理(にほんりょうり) 일본요리	牛丼(ぎゅうどん) 규동	そば 소바	豚(とん)カツ 돈가스
	ラーメン 라면	お寿司(すし) 초밥	たこ焼(や)き 타코야키
果物(くだもの) 과일	いちご 딸기	ぶどう 포도	もも 복숭아
	りんご 사과	みかん 귤	メロン 멜론
スポーツ 스포츠	山登(やまのぼ)り 등산	野球(やきゅう) 야구	サッカー 축구
	テニス 테니스	ゴルフ 골프	バスケ 농구
体(からだ) 몸	足(あし) 발	手(て) 손	頭(あたま) 머리
	顔(かお) 얼굴	おしり 엉덩이	腕(うで) 팔
飲み物(のみもの) 음료	ジュース 주스	コーラ 콜라	お茶(ちゃ) 차
	コーヒー 커피	カフェラテ 카페라떼	
家族(かぞく) 가족	父(ちち) 아버지	母(はは) 어머니	姉(あね) 언니/누나
	兄(あに) 오빠/형	妹(いもうと) 여동생	弟(おとうと) 남동생
国(くに) 나라	韓国(かんこく) 한국	日本(にほん) 일본	中国(ちゅうごく) 중국
	アメリカ 미국	インド 인도	カナダ 캐나다
	イタリア 이탈리아	イギリス 영국	台湾(たいわん) 대만

会話文 かいわぶん

MP3 044

회화문 익히기

◆ 한국과 일본에서 인기인 스타카페에서 유나와 히로가 음료에 대해 이야기하고 있다.

ひろ　コーヒーと紅茶(こうちゃ)(と)、どちらが好(す)きですか。

ユナ　紅茶(こうちゃ)よりコーヒーの方(ほう)が好(す)きですね。

ひろ　僕(ぼく)もです。

このカフェの飲(の)み物(もの)の中(なか)では何(なに)が一番(いちばん)おいしいですか。

ユナ　コーヒーフラペチーノが一番(いちばん)おいしいです。

私(わたし)は温(あたた)かい飲(の)み物(もの)より冷(つめ)たい飲(の)み物(もの)の方(ほう)が好(す)きですから。

ひろ　そうですか。日本(にほん)のスターカフェの値段(ねだん)はどうですか。

ユナ　スターカフェの場合(ばあい)、韓国(かんこく)より日本(にほん)の方(ほう)が少(すこ)し安(やす)いです。

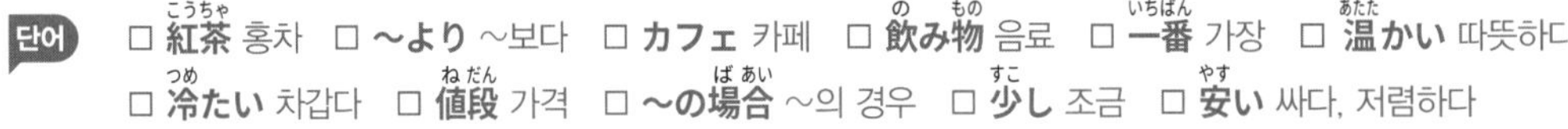

단어 □ 紅茶(こうちゃ) 홍차　□ ~より ~보다　□ カフェ 카페　□ 飲(の)み物(もの) 음료　□ 一番(いちばん) 가장　□ 温(あたた)かい 따뜻하다
□ 冷(つめ)たい 차갑다　□ 値段(ねだん) 가격　□ ~の場合(ばあい) ~의 경우　□ 少(すこ)し 조금　□ 安(やす)い 싸다, 저렴하다

회화문 짚기

☑ '커피와 홍차 중에 어느 쪽을 좋아하는지?'를 묻고 싶을 때는?
コーヒーと紅茶(こうちゃ)(と)どちらが好(す)きですか。

☑ 紅茶(こうちゃ)よりコーヒーの方(ほう)が好(す)きです。 홍차보다 커피 쪽을 좋아합니다.
비교대상인 '홍차', 이야기의 주가 되는 '커피'
- 비교대상인 '홍차'에 「より」를 붙여 : 紅茶(こうちゃ)より
- 주 대상인 '커피'에 「~の方(ほう)が」를 붙여 : コーヒーの方(ほう)が

☑ 好(す)きですから 좋아하니까요
직역을 하면 '좋아합니다니까'가 됩니다. 어색하죠?
이럴 땐 먼저 이유, 원인의 접속조사인 「から」를 먼저 해석하고, 존댓말인 「です」를 나중에 해석합니다.
- 好(す)きですから。 좋아하니까요.
- 好(す)きだからです。 좋아하기 때문입니다.

☑ 비교문장에도 [정도]를 표현할 수가 있어요.
예 韓国(かんこく)より日本(にほん)の方(ほう)が安(やす)いです。 한국보다 일본 쪽이 저렴해요.
韓国(かんこく)より日本(にほん)の方(ほう)が少(すこ)し安(やす)いです。 한국보다 일본 쪽이 조금 저렴해요.
여기선 「少(すこ)し」를 넣어 '일본이 저렴한 건 맞는데 조금 저렴하다'는 [정도]를 구체적으로 표현했네요. 그 밖에 「結構(けっこう) 꽤」, 「かなり 상당히」, 「ちょっと 조금(회화체)」로도 [정도]를 표현할 수 있어요.

☑ 'cafe'의 발음 표기는 p.157을 참고하세요.

해석

ひろ 커피랑 홍차 중에 어느 것을 좋아해요?
ユナ 홍차보다 커피를 좋아해요.
ひろ 저도예요. 이 카페 음료 중에서는 뭐가 가장 맛있어요?
ユナ 커피 프라푸치노가 가장 맛있어요.
저는 따뜻한 음료보다 차가운 음료를 좋아하니까요.
ひろ 그래요? 일본의 스타카페의 가격은 어때요?
ユナ 스타카페의 경우 한국보다 일본 쪽이 조금 저렴해요.

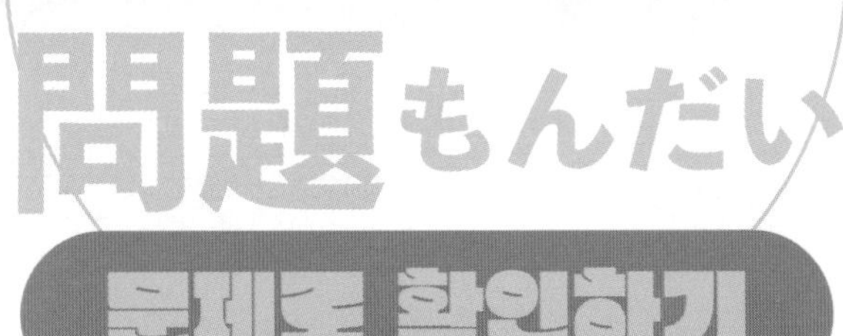

MP3 **045**

1 단어를 외워 봅시다.

1 음료 한자 : ____________ 히라가나 : ____________

2 탈것 ____________ ____________

3 홍차 ____________ ____________

4 가격 ____________ ____________

5 등산 ____________ ____________

Hint! 商品 値段 乗り物 食べ物 場合 飲み物 紅茶 一番 山登り

2 문장을 만들어 봅시다.

1 커피와 홍차와 어느 쪽을 좋아해요?

____________ と ____________ (と)、どちらが ____________ ですか。

2 야구보다 축구를 잘합니다.

野球 ____________ サッカーの ____________ が ____________ です。

3 음료 중에서 뭐가 가장 맛있어요?

飲み物 ________ ________ で何が ____________ おいしいですか。

4 봄을 가장 좋아해요.

春 ________ ________ ____________。

5 택시보다 버스가 가격이 저렴해요.

タクシー ________ バス ________ ________ が ____________ が安いです。

3 말하고 써 봅시다.

〈두 가지를 비교하기〉

예제

牛丼(ぎゅうどん) 규동・ラーメン 라멘・おいしい 맛있다

A：牛丼(ぎゅうどん)とラーメン(と)、どちらがおいしいですか。규동과 라멘, 어느 쪽이 맛있습니까?

B：牛丼(ぎゅうどん)よりラーメンの方(ほう)がおいしいです。규동보다 라멘 쪽이 맛있습니다.

1 地下鉄(ちかてつ)・タクシー・便利(べんり)だ

A：

B：

2 海(うみ)・山(やま)・好(す)きだ

A：

B：

3 大阪(おおさか)・東京(とうきょう)・賑(にぎ)やかだ

A：

B：

〈세 가지 이상을 비교하기〉

예제

季節(きせつ) 계절・いつ 언제・好(す)き 좋아함・冬(ふゆ) 겨울

A：季節(きせつ)の中(なか)でいつが一番(いちばん)好(す)きですか。계절 중에서 언제를 가장 좋아합니까?

B：冬(ふゆ)が一番(いちばん)好(す)きです。겨울을 가장 좋아합니다.

단어 □ **海(うみ)** 바다 □ **山(やま)** 산 □ **賑(にぎ)やかだ** 번화하다

4 飲(の)み物(もの)・何(なに)・おいしい・ラテ

A：

B：

5 交通手段(こうつうしゅだん)・何(なに)・速(はや)い・飛行機(ひこうき)

A：

B：

6 社員(しゃいん)・誰(だれ)・真面目(まじめ)だ・田中(たなか)さん

A：

B：

4 들어 봅시다.

MP3 **046**

다음을 듣고 가장 좋아하는 것을 고르세요.

1 ①

②

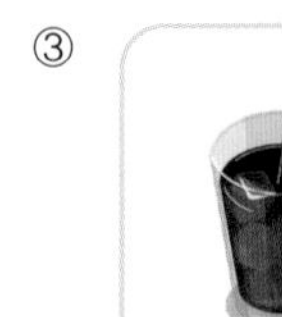

③

2 ①

②

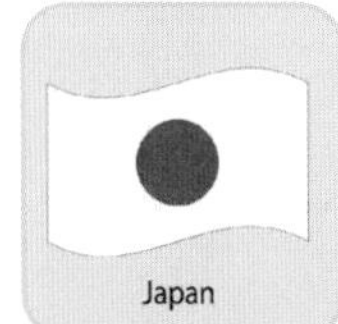

③

3 ①

②

③

단어 **ラテ** 라떼 □ **交通手段(こうつうしゅだん)** 교통수단 □ **飛行機(ひこうき)** 비행기 □ **社員(しゃいん)** 사원 □ **コーラ** 콜라 □ **コーヒー** 커피 □ **国(くに)** 나라 □ **人口(じんこう)** 인구 □ **季節(きせつ)** 계절 □ **嫌(きら)いだ** 싫어하다 □ **嫌(いや)だ** 싫다

꿀팁+

재미있는 가타카나

우리말은 일본어의 입장에서 보면 외래어이기 때문에 가타카나 표기를 해야 합니다.
일본어로 표기되는 우리말 이름 몇 개를 확인해 볼게요.

1. 그대로 표기 가능한 경우

   이 イ・송 ソン・윤 ユン・하 ハ

2. '김'처럼 ㅁ 받침인 경우

   김 キム・임 イム・심 シム・남 ナム

3. '최'는 가장 가까운 발음인 '체'로 표기합니다

   チェ (che)
   └ チ+작은 ェ(한 글자 취급)

4. '황'은 [후+아+응]의 결합이라고 생각하면 쉬워요!

   フ ァ ン (fann)
   fa + nn

5. '권', '원'

   1) '권'은 [쿠+오+응]의 결합이라고 생각하면 쉬워요! (발음은 [퀑]과 비슷해요.)

   ク ォ ン (kwonn)
   kwo + nn

   2) '원'은 [우+오+응]의 결합이라고 생각하면 쉬워요! (발음은 [웡]과 비슷해요.)

   ウ ォ ン (whonn)
   who + nn

10

近(ちか)くのカフェでランチを食(た)べます。

근처 카페에서 점심을 먹습니다.

문법 포인트

- 일본어 동사의 그룹 나누기 (1, 2, 3 그룹)
- 동사의 정중형인「ます형」만들기
- 동사와 함께 쓰이는 조사 학습 (に、で、を、と、へ 등)
- 동사와 조사의 세트가 우리말과 다른 것

학습 포인트

동사란 움직이는 상황, 모습을 표현하는 품사예요.
'먹다, 마시다, 놀다, 춤추다'와 같이 우리의 움직임과 밀접하죠.
이번 과는 동사의 첫 시간으로 '① 동사의 그룹을 나눠 그룹별 동사의 특징'에 대해 공부하고, '② 일본어 하면 빼놓을 수 없는 존댓말 표현'도 함께 배워 볼게요!
오늘 학습을 마무리하면 존댓말로 '~합니다, ~하지 않습니다'와 같은 문장을 내뱉을 수 있어요!

文法ぶんぽう

문법 다지기

MP3 047

1 일본어 동사

1) 특징

어미가「う、く、ぐ、す、つ、ぬ、ぶ、む、る」와 같이「う단」으로 끝나요.

2) 동사의 종류

1그룹, 2그룹, 3그룹

종류	구분 방법	동사 예
1그룹	❶ 어미가 る로 끝나지 않는 모든 동사	会う 行く 泳ぐ 話す 持つ 死ぬ 遊ぶ 飲む
	❷ あ・う・お 단+る로 끝나는 동사	終わる 作る 通る
	❸ 예외1그룹	切る 走る 入る 要る 知る 帰る
2그룹	い・え 단+る로 끝나는 동사	見る 起きる 食べる 寝る
3그룹	불규칙 두 개 (그냥 외우기!)	する 来る

☑ 동사를 그룹 짓는 이유?

'먹다'라는 동사가 있으면 '먹을 거예요', '안 먹어', '먹었어' 등등 다양한 시제와 상황을 표현할 수 있죠? 일본어는 그룹별로 접속 및 문법 변화가 다르게 일어나기 때문에, 우선 그룹을 나누는 방법에 대해서 배워야 합니다. 동사 학습의 첫 단추이니 정확하게 외워 두는 것이 매우 중요해요!

단어 □ **会う** 만나다 □ **行く** 가다 □ **泳ぐ** 수영하다 □ **話す** 이야기하다 □ **持つ** 가지다, 들다 □ **死ぬ** 죽다 □ **遊ぶ** 놀다 □ **飲む** 마시다 □ **終わる** 끝나다 □ **作る** 만들다 □ **通る** 통하다, 지나가다 □ **切る** 자르다 □ **走る** 달리다 □ **入る** 들어가다 □ **要る** 필요하다 □ **知る** 알다 □ **帰る** 돌아가다 □ **見る** 보다 □ **起きる** 일어나다 □ **食べる** 먹다 □ **寝る** 자다 □ **する** 하다 □ **来る** 오다

2 동사 정중형(ます형) ~합니다 / ~해요 / ~하겠습니다 / ~할 거예요

그룹	규칙		기본형		ます형
1그룹	어미 う단→い단 + ます	❶	会(あ)う 만나다	→	会(あ)います 만납니다
			行(い)く 가다	→	行(い)きます 갑니다
			泳(およ)ぐ 수영하다	→	泳(およ)ぎます 수영합니다
			話(はな)す 이야기하다	→	話(はな)します 이야기합니다
			持(も)つ 들다	→	持(も)ちます 듭니다
			死(し)ぬ 죽다	→	死(し)にます 죽습니다
			遊(あそ)ぶ 놀다	→	遊(あそ)びます 놉니다
			飲(の)む 마시다	→	飲(の)みます 마십니다
			ある 있다	→	あります 있습니다
		❷	作(つく)る 만들다	→	作(つく)ります 만듭니다
			通(とお)る 지나가다	→	通(とお)ります 지나갑니다
		❸	切(き)る 자르다	→	切(き)ります 자릅니다
			走(はし)る 달리다	→	走(はし)ります 달립니다
2그룹	어미 る탈락 + ます		見(み)る 보다	→	見(み)ます 봅니다
			食(た)べる 먹다	→	食(た)べます 먹습니다
			いる 있다	→	います 있습니다
3그룹	불규칙		する 하다	→	します 합니다
			来(く)る 오다	→	来(き)ます 옵니다

☑ 일본어 동사의 현재형은 '~하다, ~한다, ~합니다'와 같은 [현재]뿐만 아니라 '~하겠다, ~할 겁니다, ~하겠습니다'와 같은 [미래]도 표현할 수 있어요. 그럴 때에는 「明日(あした) 내일」, 「今週末(こんしゅうまつ) 이번 주말」, 「来週(らいしゅう) 다음 주」와 같이 미래를 나타내는 말과 함께 써서 사용되는 경우가 많죠.

☑ 「ます형」은 '~합니다, ~하겠습니다' 외에도 '~해요, ~할 거예요'와 같은 편한 말투로도 이야기할 수 있어요.

예 「会(あ)います」의 다양한 해석

'만납니다, 만나요, 만나겠습니다, 만날 거예요, 만날래요' 등

이 모든 것이 말투에 따라 「会(あ)います」 하나로 이야기할 수 있답니다.

3 동사 '있다'가 두 개인 일본어

있다	ある	いる
구분	1그룹	2그룹
ます형	あります	います
구분	사물/식물	사람/동물

☑ 일본어에서는 '있다'를 「ある」와 「いる」로 나눠서 표현합니다.
사물과 식물에는 「ある」를, 식물 외에 살아 호흡하는 것은 「いる」로 나눠서 사용해요.

4 조사의 쓰임이 특별한 동사

한국어	일본어
지하철을 타다.	地下鉄(ちかてつ)に乗(の)る。
친구를 만나다.	友達(ともだち)に会(あ)う。
목욕을 하다(= 욕조에 들어가다).	お風呂(ふろ)に入(はい)る。
전화를 받다.	電話(でんわ)に出(で)る。
여행을 가다.	旅行(りょこう)に行(い)く。

☑ 위 동사는 조사의 쓰임이 우리말과 다르니 조사와 동사를 세트로 외우기!

☑ '전화를 받다'의 경우 '받다'라는 동사가 아닌 '나오다'라는 동사를 사용하듯, 동사의 사용 자체가 다른 표현이 있으니 주의할 것!

단어 □ **ある** (사물이나 식물 등이)있다 □ **いる** (사람이나 동물 등이)있다 □ **乗(の)る** 타다 □ **会(あ)う** 만나다
□ **お風呂(ふろ)** 욕조 □ **入(はい)る** 들어가다 □ **電話(でんわ)** 전화 □ **出(で)る** 나오다 □ **旅行(りょこう)** 여행 □ **行(い)く** 가다

5 조사를 포함하여 문장 외우기

조사		문장	해석
に	❶ (장소) ~에	❶ 学校(がっこう)にいます。	학교에 있습니다.
	❷ (시간) ~에	❷ 朝(あさ)7時(しちじ)に起(お)きます。	아침 7시에 일어납니다.
	❸ (상대) ~에게	❸ 友達(ともだち)に話(はな)します。	친구에게 이야기합니다.
で	❶ (장소) ~에서	❶ 家(いえ)で飲(の)みます。	집에서 마십니다.
	❷ (수단, 방법) ~로, ~를 사용해서	❷ ペンで書(か)きます。 スマホで読(よ)みます。	펜으로 씁니다. 스마트폰으로 읽습니다.
	❸ (수량) ~해서	❸ 全部(ぜんぶ)で1000円(せんえん)です。	전부 해서 1,000엔입니다.
を	을/를	日本語(にほんご)を教(おし)えます。	일본어를 가르칩니다.
と	와/과	先生(せんせい)と話(はな)します。	선생님과 이야기합니다.
へ	(방향) ~에	京都(きょうと)へ行(い)きます。	교토에 갑니다.

☑ 조사「へ」는 [he]가 아닌 [e]로 발음해 주세요.

교-토헤 이키마스 (x)

교-토에 이키마스 (O)

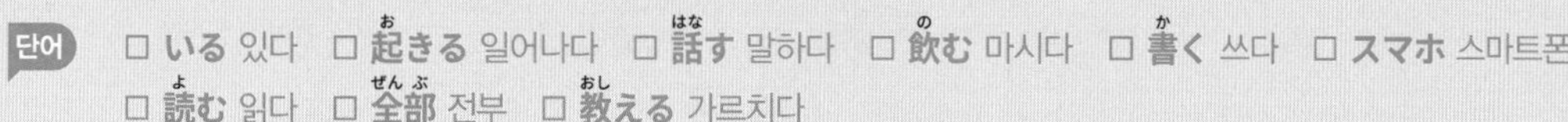
단어 □ いる 있다 □ 起(お)きる 일어나다 □ 話(はな)す 말하다 □ 飲(の)む 마시다 □ 書(か)く 쓰다 □ スマホ 스마트폰 □ 読(よ)む 읽다 □ 全部(ぜんぶ) 전부 □ 教(おし)える 가르치다

会話文 かいわぶん

회화문 익히기

MP3 048

◆ 유나와 히로가 평일과 휴일의 일정에 대해 이야기를 나누고 있다.

ユナ　ひろさんは、普段(ふだん)、平日(へいじつ)は何(なに)をしますか。

ひろ　平日(へいじつ)の午前中(ごぜんちゅう)はバイトに行(い)きます。

ユナ　その後(あと)、お昼(ひる)は何(なに)をしますか。

ひろ　バイト仲間(なかま)と近(ちか)くのカフェでランチを食(た)べます。
ユナさん、今週末(こんしゅうまつ)は何(なに)をしますか。

ユナ　友達(ともだち)に会(あ)います。それから美容室(びようしつ)で髪(かみ)を切(き)ります。

ひろ　そうなんですね。髪型(かみがた)を変(か)えますか。

ユナ　いいえ、少(すこ)し切(き)るだけです。
髪(かみ)が長(なが)いから不便(ふべん)です。

단어

□ **普段(ふだん)** 평소　□ **平日(へいじつ)** 평일　□ **午前中(ごぜんちゅう)** 오전 중　□ **その後(あと)** 그 후　□ **お昼(ひる)** 점심, 점심밥
□ **バイト仲間(なかま)** 아르바이트 친구　□ **近(ちか)く** 근처　□ **カフェ** 카페　□ **ランチ** 런치, 점심　□ **食(た)べる** 먹다
□ **今週末(こんしゅうまつ)** 이번 주말　□ **する** 하다　□ **友達(ともだち)** 친구　□ **会(あ)う** 만나다　□ **それから** 그러고 나서
□ **美容室(びようしつ)** 미용실　□ **髪(かみ)** 머리, 머리카락　□ **切(き)る** 자르다　□ **髪型(かみがた)** 머리 스타일, 머리 모양
□ **変(か)える** 바꾸다　□ **少(すこ)し** 조금　□ **~だけ** ~뿐　□ **長(なが)い** 길다　□ **不便(ふべん)だ** 불편하다

회화문 짚기

☑ 유나와 히로의 대화에서 동사 사용이 [ます형] 문장이므로, 서로 존댓말하는 사이입니다.

☑ お昼(ひる)
우리말에서 '점심'이란 '낮 시간'을 이야기하기도 하고 '점심밥'의 의미도 있는 것처럼, 일본에서도 「昼(ひる)」는 '낮/점심/점심밥'의 해석이 적용됩니다.

☑ 「カフェ(cate) 」의 「f 발음」 표기하는 법
우리말로 'cafe'를 읽을 때엔 '카페'의 [페]는 [p(ㅍ)]발음으로 하게 되지만, 일본어는 [f]발음 표기 및 발음이 존재합니다. 쉽게 이해할 수 있게 히라가나로 표기해 볼게요.

ふ(f)＋ぇ(e) = ふぇ(fe) → フェ　　예 ふ(f)＋ぁ(a) = ふぁ(fa) → ファ
ふ(f)＋ぃ(i) = ふぃ(fi) → フィ
ふ(f)＋ぉ(o) = ふぉ(fo) → フォ

「ふぇ」는 한 글자 취급으로 앞의 「ふ」는 자음, 뒤의 작은 「ぇ」는 모음의 역할을 해요.
우리말로 [풰]라는 발음에 가깝고 아랫입술을 살짝 문 [f]로 발음해요.

☑ それから美容室(びようしつ)で髪(かみ)を切(き)ります。 그러고 나서 미용실에서 머리를 자를 거예요.
[ます형]은 현재와 미래를 모두 포함해요.
이 문장에서는 「それから 그러고 나서」를 사용하면서 이후에 나오는 동작이 미래를 표현할 것임을 유추하게 됩니다.

해석

ユナ 히로 씨는 보통 평일은 뭘 하나요?
ひろ 평일 오전 중에는 아르바이트에 갑니다.
ユナ 그 후 낮에는 뭘 해요?
ひろ 아르바이트 친구와 근처 카페에서 점심을 먹어요.
유나 씨, 이번 주말은 뭘 할 거예요?
ユナ 친구를 만날 거예요. 그러고 나서 미용실에서 머리를 자를 거예요.
ひろ 그렇군요. 머리 스타일을 바꾸나요?
ユナ 아니요, 조금 자를 뿐이에요. 머리가 기니까 불편해요.

問題もんだい

문제로 확인하기

MP3 049

1 단어를 외워 봅시다.

1 평일 한자 : ______ 히라가나 : ______

2 평소 ______ ______

3 미용실 ______ ______

4 머리 스타일 ______ ______

5 점심, 낮 ______ ______

6 친구 ______ ______

Hint! 平日 美容室 不便 同僚 週末 お昼 髪型 友達 普段

2 동사에 맞춰 빈칸을 채워 봅시다.

1 行く

그룹 : ______ 읽기 : ______ ます형 : ______

2 死ぬ

그룹 : ______ 읽기 : ______ ます형 : ______

3 入る

그룹 : ______ 읽기 : ______ ます형 : ______

4 来る

그룹 : ______ 읽기 : ______ ます형 : ______

5 寝る

그룹 : ______ 읽기 : ______ ます형 : ______

6 話す

그룹 : ______ 읽기 : ______ ます형 : ______

3 말하고 써 봅시다.

예제

お寿司(すし) 초밥 • ① を ~을/를 ② から ~부터 • 食(た)べる 먹다

ます형 문장 : ① お寿司(すし)を食(た)べます。 ② お寿司(すし)から食(た)べます。

해석 : ① 초밥을 먹습니다. ② 초밥부터 먹습니다.

1 友達(ともだち) • ① が ② と • 走(はし)る

ます형 문장 : ① ______ ② ______

해석 : ① ______ ② ______

2 日本語(にほんご) • ① を ② で • 話(はな)す

ます형 문장 : ① ______ ② ______

해석 : ① ______ ② ______

3 京都(きょうと) • ① まで ② に • 行(い)く

ます형 문장 : ① ______ ② ______

해석 : ① ______ ② ______

4 食事(しょくじ) • ① を ② で • なおす

ます형 문장 : ① ______ ② ______

해석 : ① ______ ② ______

5 地下鉄(ちかてつ) • ① に ② も • 乗(の)る

ます형 문장 : ① ______ ② ______

해석 : ① ______ ② ______

단어 □ **走(はし)る** 달리다 □ **食事(しょくじ)** 식사 □ **なおす** 고치다 □ **乗(の)る** 타다

4 들어 봅시다.

MP3 **050**

설명하는 문장과 연관이 있는 그림을 연결하세요.

1

① 

2

② 

3

③ 

4

④ 

5

⑤ 

6

⑥ 

어휘+

MP3 051

알아 둬야 할 동사

[1그룹]

会(あ)う	만나다	ある	있다 (사물이나 식물 등이)
遊(あそ)ぶ	놀다	泳(およ)ぐ	수영하다
歩(ある)く	걷다	貸(か)す	빌려주다
話(はな)す	이야기하다	乗(の)る	타다
待(ま)つ	기다리다	降(ふ)る	내리다 (눈, 비 등이 하늘에서)
持(も)つ	가지다, 들다	死(し)ぬ	죽다
飲(の)む	마시다	買(か)う	사다
作(つく)る	만들다	歌(うた)う	노래하다
書(か)く	쓰다	聞(き)く	듣다, 묻다

[예외 1그룹] **TIP! 머리를 자르러 달려서 미용실에 들어갔는데 돈이 필요한 걸 알고 집에 돌아왔다.**

切(き)る	자르다	要(い)る	필요하다
走(はし)る	달리다	知(し)る	알다
入(はい)る	들어가다	帰(かえ)る	돌아오다(집에)

[2그룹]

食(た)べる	먹다	着(き)る	입다
起(お)きる	일어나다	見(み)る	보다
寝(ね)る	자다	開(あ)ける	열다
教(おし)える	가르치다	借(か)りる	빌리다
いる	있다 (사람이나 동물 등이)	降(お)りる	내리다 (차, 지하철 등에서)

[3그룹]

来(く)る	오다	する	하다

11

太(ふと)るのが嫌(いや)だから食(た)べませんでした。

살찌는 것이 싫어서 먹지 않았습니다.

문법 포인트

- 동사 정중형인 [ます형]의 네 가지 활용
  (긍정현재, 부정현재, 긍정과거, 부정과거)
- [ます형]+に行(い)きます : [동사]하러 갑니다
  [ます형]+に来(き)ます : [동사]하러 옵니다
- [ます형]으로 다양한 제안 표현 익히기
  ~ませんか : ~하지 않겠습니까?
  ~ましょう : ~합시다
  ~ましょうか : ~할까요?

학습 포인트

우리말과 일본어는 처음 만난 사람, 손윗사람 등에 대해서는 기본적으로 존댓말을 하는 것이 예의죠.
이번 학습에서는 정중형으로 바꾼 [ます형]에서 네 가지 활용으로 나아가는 연습을 해 볼게요!
우리가 항상 현재만 이야기할 것이 아니라 '~하지 않아요, ~했어요, ~하지 않았어요'와 같은 부정이나 과거 시제도 이야기해야 하기 때문에 상황을 구체적으로 표현하기 위한 정말 중요한 문법입니다.
또한 [ます형]으로 이야기할 수 있는 여러 가지 제안과 권유의 말투에 대해서도 배울게요!

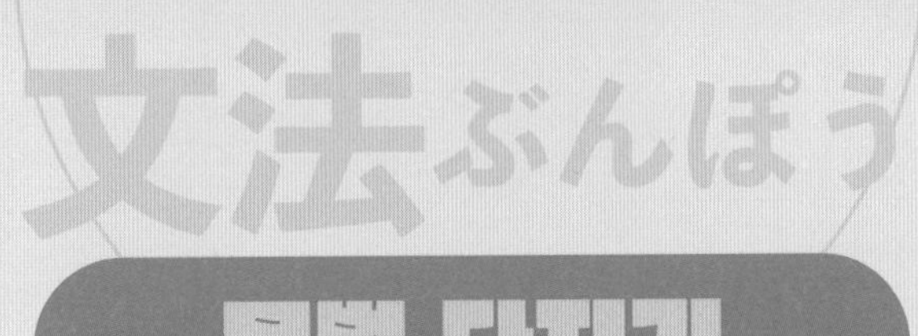

MP3 052

1 ます형의 네 가지 활용 (정중형의 4활용)

1) ~ます (긍정현재/미래) ~합니다 / ~할 겁니다

パンを買(か)います。 빵을 삽니다. / 빵을 살 겁니다.

友達(ともだち)に会(あ)います。 친구를 만납니다. / 친구를 만날 겁니다.

2) ~ません (부정현재/미래) ~하지 않습니다 / ~하지 않을 겁니다

パンを買(か)いません。 빵을 사지 않습니다. / 빵을 사지 않을 겁니다.

友達(ともだち)に会(あ)いません。 친구를 만나지 않습니다. / 친구를 만나지 않을 겁니다.

3) ~ました (긍정과거) ~했습니다

パンを買(か)いました。 빵을 샀습니다.

友達(ともだち)に会(あ)いました。 친구를 만났습니다.

4) ~ませんでした(부정과거) ~하지 않았습니다

パンを買(か)いませんでした。 빵을 사지 않았습니다.

友達(ともだち)に会(あ)いませんでした。 친구를 만나지 않았습니다.

단어 □ **パン** 빵 □ **買(か)う** 사다 □ **友達(ともだち)** 친구 □ **~に会(あ)う** ~를 만나다

☑ 앞의 네 가지 활용을 제대로 파악하고 있으면 회화를 자유롭게 구사하기에 큰 도움이 돼요.

☑ [ます형]으로 변형 후「ます、ません、ました、ませんでした」를 붙여 다양한 활용이 가능해요.

2 ます형+に+行(い)きます/来(き)ます [동사]하러 갑니다/옵니다

ご飯(はん)を食(た)べに行(い)きます。밥을 먹으러 갑니다.

ハンコを作(つく)りに来(き)ました。도장을 만들러 왔습니다.

友達(ともだち)に会(あ)いにソウルへ行(い)きます。친구를 만나러 서울에 갑니다.

☑ 행동이 보이는「運動(うんどう) 운동・運転(うんてん) 운전・食事(しょくじ) 식사」와 같은 [동작성 명사]의 경우 별도의 동사 사용 없이「명사+に」로 표현 가능합니다.

예 運動(うんどう)に行(い)きます。운동하러 갑니다.
食事(しょくじ)に来(き)ました。식사하러 왔습니다.
アルバイトに行(い)きました。아르바이트하러 갔습니다.

〈동사의 네 가지 활용〉

그룹	기본형	긍정현재	부정현재	긍정과거	부정과거
1	貸(か)す 빌려주다	貸(か)します 빌려줍니다	貸(か)しません 빌려주지 않습니다	貸(か)しました 빌려줬습니다	貸(か)しませんでした 빌려주지 않았습니다
2	借(か)りる 빌리다	借(か)ります 빌립니다	借(か)りません 빌리지 않습니다	借(か)りました 빌렸습니다	借(か)りませんでした 빌리지 않았습니다
3	来(く)る 오다	来(き)ます 옵니다	来(き)ません 오지 않습니다	来(き)ました 왔습니다	来(き)ませんでした 오지 않았습니다

□ ご飯(はん) 밥 □ 食(た)べる 먹다 □ 行(い)く 가다 □ ハンコ 도장 □ 作(つく)る 만들다 □ 来(く)る 오다 □ 運動(うんどう) 운동
□ 食事(しょくじ) 식사

3 ます형을 사용한 다양한 말투 표현

1) ~ませんか ~하지 않겠습니까?

一緒に行きませんか。 함께 가지 않겠습니까?

今度、遊びませんか。 다음에 놀지 않을래요?

少し休みませんか。 조금 쉬지 않을래요?

☑ 부정 표현인 「ません」에 질문의 「か」를 붙여 '~하지 않겠습니까?'라고 정중히 묻는 표현입니다.

☑ 상대방에게 권유나 제안을 하는 말투인데, 이때에 상대가 '이 행동을 할지 안 할지는 모르는 상황'에서 건네는 말투입니다.

2) ~ましょう ~합시다, ~하죠

ご飯を食べましょう。 밥을 먹읍시다.

本を読みましょう。 책을 읽읍시다.

早く急ぎましょう。 빨리 서두릅시다.

☑ 이 말투는 상대방 혹은 다수에게 무언가를 함께 하기 위해 권유하는 말투예요.

☑ 1)의 「ませんか」보다는 더 직접적이며 비교적 강하게 제안하는 느낌이 있어요.

3) ～ましょうか　～할까요?, 할래요?

いつにしましょうか。 언제로 할까요?

では、行きましょうか。 그럼, 갈까요?

電話をかけましょうか。 전화를 걸까요?

☑ 2)의「ましょう」의 말투에서 질문의「か」를 붙여준 표현이에요.

☑ 1)의「ませんか」과 동일하게 권유와 제안을 하는 말투이지만 사용에 차이가 있는데, 이는 '상대방이 그 행동을 할 것이라는 예상이 있는 상황'에서 사용해요.
「いつにしましょうか」라고 했다면 사전에 식사나 운동 등의 '스케줄에 대한 이야기'가 오갔을 거란 유추가 됩니다.

〈헷갈리기 쉬운 세 가지 동사의 기본형과 ます형〉

그룹	기본형	ます형의 네 가지 활용			
1	切る 자르다	切ります 자릅니다	切りません 자르지 않습니다	切りました 잘랐습니다	切りませんでした 자르지 않았습니다
2	着る 입다	着ます 입습니다	着ません 입지 않습니다	着ました 입었습니다	着ませんでした 입지 않았습니다
3	来る 오다	来ます 옵니다	来ません 오지 않습니다	来ました 왔습니다	来ませんでした 오지 않았습니다

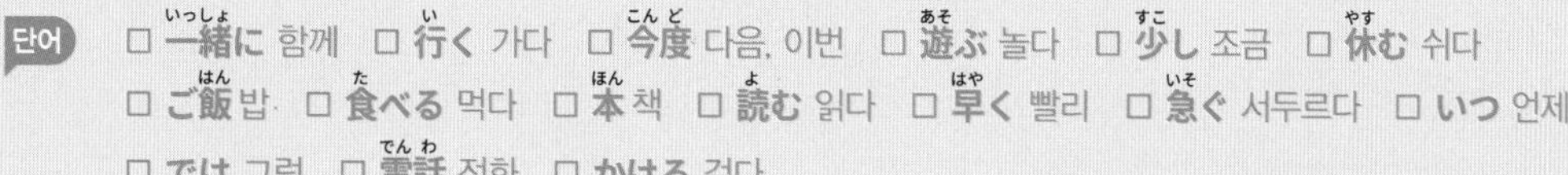

会話文 かいわぶん

회화문 익히기

MP3 053

◆ 유나와 히로가 화장에 대해서 이야기를 하고, 함께 화장품을 사러 가기로 했다.

ひろ　ユナさんは普段(ふだん)、メイクしますか。①

ユナ　いいえ、前(まえ)は一生懸命(いっしょうけんめい)しましたが、② 最近(さいきん)はめんどうくさくて あまり化粧(けしょう)しませんね。③

ひろ　さすがに毎日(まいにち)は大変(たいへん)ですね。

ユナ　そうなんです。ちゃんとクレンジングもしませんでしたから ④ 肌(はだ)にも悪(わる)くて…。

ひろ　そうですか。今日(きょう)ちょうどスキンケア用品(ようひん)を 買(か)いに行(い)きますが、一緒(いっしょ)に行(い)きませんか。 安(やす)いドラッグストアをおすすめしますよ。

ユナ　本当(ほんとう)ですか。いい機会(きかい)ですね。 一緒(いっしょ)に行(い)きましょう。

단어 □ **普段(ふだん)** 평소 □ **メイクする** 화장하다 □ **前(まえ)** 전, 앞 □ **一生懸命(いっしょうけんめい)** 열심히 □ **最近(さいきん)** 최근 □ **めんどうくさい** 귀찮다 □ **化粧(けしょう)する** 화장하다 □ **さすがに** 아무래도 □ **大変(たいへん)だ** 힘들다, 엄청나다 □ **ちゃんと** 제대로 □ **クレンジング** 클렌징 □ **肌(はだ)** 피부 □ **悪(わる)い** 나쁘다 □ **ちょうど** 마침, 딱 □ **スキンケア用品(ようひん)** 스킨케어 제품 □ **買(か)う** 사다 □ **一緒(いっしょ)に** 함께 □ **ドラッグストア** 드러그스토어 □ **おすすめする** 추천하다 □ **機会(きかい)** 기회

회화문 짚기

☑ 一生懸命(いっしょうけんめい) 열심히

'일생현명'이라는 사자성어로 '한평생 목숨을 걸고, 열심히'라는 뜻이 있어요.
굉장히 무거운 의미처럼 보이지만 일본에서는 '열심히'의 의미로 잘 사용되는 말입니다.

☑ 본문에서 찾아볼 수 있는 [ます형]의 네 가지 활용

	본문 내용	해석	시제
①	メイクしますか	화장합니까?	긍정현재
②	一生懸命(いっしょうけんめい)しました	열심히 했습니다	긍정과거
③	化粧(けしょう)しません	화장하지 않습니다	부정현재
④	クレンジングもしませんでした	클렌징도 하지 않았습니다	부정과거

본문 내용에서 「する 하다」의 네 가지 활용이 보이게 이야기를 꾸며 보았어요. 자연스러운 일상의 대화 속에서도 동사의 네 가지 활용은 자유자재로 나오기 마련이니 잘 익혀 주세요!

☑ スキンケア用品(ようひん)を買(か)いに行(い)きます。 스킨케어 제품을 사러 갑니다.

買(か)う い+に行(い)きます

☑ ～ませんか・～ましょう의 쓰임 차이

ひろ：一緒(いっしょ)に行(い)きませんか。 함께 가지 않을래요?

유나에게 갑작스럽게 제안, 권유한 것이기 때문에 정중하게 「ませんか」를 사용.

ユナ：一緒(いっしょ)に行(い)きましょう。 함께 갑시다.

히로에게 한 번 제안을 받은 이야기이므로 직접적이고 강하게 자신의 생각(대답)을 전달.

해석

ひろ 유나 씨는 평소 화장해요?

ユナ 아뇨, 전에는 열심히 했는데, 최근에는 귀찮아서 별로 화장 안 해요.

ひろ 아무래도 매일은 힘들죠.

ユナ 맞아요. 제대로 클렌징도 안 했으니까, 피부에도 좋지 않아서….

ひろ 그래요? 오늘 마침 스킨케어 제품을 사러 가는데, 같이 갈래요?
저렴한 드러그스토어를 추천할게요.

ユナ 정말이요? 좋은 기회네요. 같이 가요.

問題もんだい

문제로 확인하기

MP3 054

1 단어를 외워 봅시다.

1 읽다 한자 : ________ 히라가나 : ________

2 열심히 ________ ________

3 피부 ________ ________

4 요즘, 최근 ________ ________

5 기회 ________ ________

6 서두르다 ________ ________

Hint! 一生懸命 機会 肌 休む 最近 急ぐ 読む 遊ぶ

2 문장을 만들어 봅시다.

1 전에는 열심히 했어요.
前(まえ)は ________ ________。

2 요즘엔 별로 화장 안 해요.
________ はあまり ________。

3 클렌징도 제대로 안 했어요.
クレンジングも ________ ________。

4 화장품을 사러 갑니다.
化粧品(けしょうひん)を ________ ________。

5 함께 가지 않을래요?
一緒(いっしょ)に ________。

6 제가 추천할게요.
私(わたし)が ________。

7 갑시다.
________。

3 말하고 써 봅시다.

映画(えいが)を見(み)る 영화를 보다

A：明日(あした)、映画(えいが)を見(み)に行(い)きませんか。 내일 영화를 보러 가지 않겠습니까?

B：① はい、行(い)きましょう。 네, 갑시다.

② すみません、明日(あした)は(ちょっと…/ 用事(ようじ)があります/ 忙(いそが)しいです)。

죄송해요, 내일은 (좀…/볼일이 있어요/바빠요).

1 先生(せんせい)に会(あ)う

A：明日(あした)、

B：①

②

2 キムさんのプレゼントを買(か)う

A：明日(あした)、

B：①

②

3 音楽(おんがく)を聞(き)く

A：明日(あした)、

B：①

②

4 グラウンドを走(はし)る

A：明日(あした)、

B：①

②

단어 □ **用事(ようじ)** 볼일 □ **忙(いそが)しい** 바쁘다 □ **音楽(おんがく)** 음악 □ **聞(き)く** 듣다 □ **グラウンド** 운동장 □ **走(はし)る** 뛰다

4 들어 봅시다.

MP3 055

대화를 잘 듣고 시제별 알맞은 상황에 대해 적어 주세요.

1 현재 ______________________

과거 ______________________

2 현재 ______________________

과거 ______________________

3 현재 ______________________

과거 ______________________

4 현재 ______________________

과거 ______________________

5 현재 ______________________

과거 ______________________

✦✦✦
처음에는 우리말로 정답을 써 넣어 청해 연습을 하다가, 반복해서 들으며 일본어로 정답을 써 나가 보세요.

단어 □ アトラクション 어트랙션(놀이기구) □ 乗(の)る 타다 □ 彼氏(かれし) 남자친구 □ 連絡(れんらく) 연락 □ 寝(ね)る 자다
□ お金(かね) 돈 □ みんな 모두 □ お酒(さけ) 술 □ ご飯(はん) 밥 □ ～だけ ～만

✦✦✦
문법+

1. 현재긍정/현재부정 정중형 연습

동사	히라가나	뜻	～ます	뜻	～ません	뜻
書く	かく	쓰다	かきます	씁니다	かきません	쓰지 않습니다
起きる						
買う						
来る						
行く						
寝る						

2. 과거긍정/과거부정 정중형 연습

동사	히라가나	뜻	～ました	뜻	～ませんでした	뜻
読む	よむ	읽다	よみました	읽었습니다	よみませんでした	읽지 않았습니다
飲む						
食べる						
遊ぶ						
待つ						
する						

☑ 귀찮아도 우리말 해석을 한 번씩 꼭 써 보시길 바라요!
우리말로 네 가지 활용의 이해가 명확히 되어야 일본어를 매칭해서 사용하기 편합니다.

12

お土産(みやげ)が買(か)いたいです。

기념품을 사고 싶습니다.

문법 포인트

- 여러 가지 희망표현에 대해 말하기
  1) [ます형] + たいです : [동사]하고 싶습니다
  2) [명사] + がほしいです : [명사]를 원합니다
- 두 개의 동작을 함께 하는 상황 표현
  [ます형] + ながら : [동사]하면서

학습 포인트

이번 과에서는 '~하고 싶다, ~를 원하다' 등과 같은 여러 가지 희망 표현에 대해서 배울게요.
이 표현 또한 현재만 이야기할 것이 아니라 네 가지 활용을 함께 짚으면서 회화 실력을 상승시켜 봅시다!
그리고 하나 더! '밥 먹으면서 TV를 봐요'와 같은 두 가지 동작을 한꺼번에 하는 상황을 이야기하면서 한 큐에 내뱉는 이야기의 폭을 넓혀 보아요.

MP3 056

1 [명사]が(を) ます형+たいです [명사]를 [동사]하고 싶습니다

お土産(みやげ)が買(か)いたいです。 선물을 사고 싶습니다.

友達(ともだち)に会(あ)いたいです。 친구를 만나고 싶습니다.

焼肉(やきにく)が食(た)べたいです。 야키니쿠를 먹고 싶습니다.

- 동사의 [ます형]에 「たい」를 붙이면 '[동사]하고 싶다'는 희망의 표현을 만들 수 있어요.
- '~을/를 [동사]하고 싶다'는 기호를 나타내기 때문에 '을/를' 부분에는 조사 「が」가 옵니다. 이때에 조사 「を」가 와도 무방하지만, 「が」를 사용함으로써 목적어에 초점을 두고 그 대상을 한정하여 [바람과 소유의 의미]가 강해지는 말투가 됩니다.
- 「~に会(あ)う」, 「~に乗(の)る」, 「~に行(い)く」와 같이 조사와 동사가 세트가 되어 사용되는 상황에선 그대로 유지하여 사용합니다.

  예 友達(ともだち)に会(あ)いたい。 친구와 만나고 싶다.
  バスに乗(の)りたい。 버스를 타고 싶다.
  旅行(りょこう)に行(い)きたい。 여행을 가고 싶다.

「書(か)いたい」로 [い형용사]의 문법에 맞춰 네 가지 활용을 정리해 볼까요?

4활용	ます형 + たい	[동사]하고 싶다
긍정현재	買(か)いたいです	사고 싶습니다
부정현재	買(か)いた~~い~~くないです 買(か)いた~~い~~くありません	사고 싶지 않습니다
긍정과거	買(か)いた~~い~~かったです	사고 싶었습니다
부정과거	買(か)いた~~い~~くなかったです 買(か)いた~~い~~くありませんでした	사고 싶지 않았습니다

✦✦✦

> **TIP 이 문법은 어떻게 활용하나요?**
>
> 동사로 시작했지만 「たい」로 끝났기에 [い형용사]의 문법을 따릅니다.

2 [명사]がほしいです [명사]를 갖고 싶습니다/원합니다

彼氏(かれし)がほしいです。 남자친구를 원해요.

和風(わふう)のものがほしいです。 일본풍(느낌)의 물건을 갖고 싶어요.

☑ 갖고 싶은 마음 또한 [기호]이기 때문에 일본어에서는 조사 「が」를 사용한다고 익혀 주세요! 우리말에서는 '을/를'로 표현되기에 틀리지 않게 주의!

☑ 이 문법은 명사를 희망하고 원하는 표현인데, 이때의 명사에는 사람, 시간 등과 같은 추상적인 표현도 포함됩니다.

예 彼氏(かれし)がほしいです。 남자친구를 원해요. (사람)
時間(じかん)がほしいです。 시간이 필요해요. (시간)

☑ 「欲(ほ)しい」처럼 한자를 넣어 표기할 때도 많습니다.

「ほしい」 네 가지 활용 정리하기

4활용	ほしい	갖고 싶다
긍정현재	ほしいです	갖고 싶습니다
부정현재	ほし~~い~~くないです ほし~~い~~くありません	갖고 싶지 않습니다
긍정과거	ほし~~い~~かったです	갖고 싶었습니다
부정과거	ほし~~い~~くなかったです ほし~~い~~くありませんでした	갖고 싶지 않았습니다

□ **お土産(みやげ)** 특산품(선물) □ **買(か)う** 사다 □ **焼肉(やきにく)** 야키니쿠(구운 고기, 불고기) □ **彼氏(かれし)** 남자친구
□ **和風(わふう)** 일본풍, 일본 느낌

3 ます형 + ながら [동사]하면서

ご飯(はん)を食(た)べながらおしゃべりしましょう。
밥을 먹으면서 수다떱시다.

音楽(おんがく)を聞(き)きながら買(か)い物(もの)をします。
음악을 들으면서 쇼핑을 합니다.

テレビを見(み)ながらケータイをいじります。
텔레비전을 보면서 휴대폰을 만지작거립니다.

☑ 2개 이상의 동작을 함께 할 때 사용되는 문법이에요.

☑ 「AながらB」일 때, 행위의 초점은 B를 향하고 있어요.

예 お茶(ちゃ)を飲(の)みながら話(はな)しませんか。 차를 마시면서 이야기하지 않을래요?

→ 이야기하는 것에 중점을 두고 부수적으로 차를 마시는 것

단어 □ ご飯(はん) 밥 □ おしゃべりする 수다떨다 □ 音楽(おんがく) 음악 □ 聞(き)く 듣다 □ 買(か)い物(もの) 쇼핑
□ テレビ 텔레비전, TV □ いじる 만지작거리다

문법+

「~たい」 앞에 오는 조사 「が」와 「を」의 차이

둘 다 사용할 수 있지만 조금의 뉘앙스나 억양의 차이가 있어요. 그중 한 가지를 소개할게요.

~が食(た)べたい : 주어를 보다 한정해서 먹고 싶은 마음을 표현

~を食(た)べたい : 비교적 적극성은 떨어지는 느낌

ご飯(はん)が食(た)べたい VS ご飯(はん)を食(た)べたい

ご飯(はん)が食(た)べたい。 밥을 먹고 싶다.

⋯› 다른 무엇보다도 '쌀밥'을 먹고 싶단 뉘앙스가 강해요. (적극, 소유를 희망)

ご飯(はん)を食(た)べたい。 밥을 먹고 싶다.

⋯› 굳이 쌀밥이 아니더라도 '뭔가 먹고 싶다'는 마음을 이야기함, 배고픔의 표현 (소극적)

会話文かいわぶん

MP3 057

◆ 유나가 친구에게 줄 일본 기념품을 사기 위해 히로와 백화점에 함께 가기로 한다.

ユナ 海外(かいがい)の友達(ともだち)に日本(にほん)のお土産(みやげ)が買(か)いたいです。
おすすめのお店(みせ)はありますか。

ひろ どんなものがいいですか。

ユナ かわいくて普段(ふだん)よく使(つか)うものがほしいです。

ひろ それならデパートにいい店(みせ)がたくさんありますよ。
ちょうど僕(ぼく)もデパートに行(い)きますが、一緒(いっしょ)に行(い)きますか。

ユナ よかったです。
もう１時(いちじ)ですけど、ランチは食(た)べましたか。

ひろ まだです。よかったら一緒(いっしょ)に食事(しょくじ)もしましょうか。

ユナ いいですね。
一緒(いっしょ)に食事(しょくじ)しながら、おしゃべりしましょう。

단어
□ **海外(かいがい)** 해외 □ **お土産(みやげ)** 선물, 특산품, 기념품 □ **おすすめ** 추천 □ **お店(みせ)** 가게 □ **よく** 자주, 잘
□ **使(つか)う** 사용하다 □ **もの** 물건, 것 □ **～がほしい** ～를 갖고 싶다 □ **それなら** 그거라면
□ **デパート** 백화점 □ **たくさん** 많이 □ **ちょうど** 딱, 마침 □ **もう** 벌써, 이미 □ **ランチ** 점심식사
□ **まだ** 아직 □ **よかったら** 괜찮으면 □ **一緒(いっしょ)に** 함께 □ **食事(しょくじ)** 식사
□ **おしゃべりする** 수다떨다

회화문 짚기

☑ お土産(みやげ)が 買(か)いたいです。 기념품을 사(주)고 싶습니다.

└ [명사]が 買(か)う い(ます형) + たい → [명사]을/를 사고 싶다

*이때 명사 뒤에 붙는 조사는 「を」로 사용해도 괜찮습니다.

☑ 普段(ふだん)よく使(つか)うものがほしいです。 평소 자주 사용하는 것을 원해요.

「ほしい」는 어떠한 '[명사]를 원하다, 갖고 싶다, 필요하다' 등의 해석이 되는데, 조사와 함께 「~がほしい」로 외워 주는 게 좋아요!

☑ それなら

상대방의 이야기나 질문을 듣고 그에 대한 답변이나 해답을 줄 때 사용됩니다.

해석으로는 '그렇다면, 그거라면, 그런 경우에는' 등이 가능하겠죠.

☑ 食事(しょくじ)しながら、おしゃべりしましょう。 식사하면서 수다떱시다.

食事(しょくじ)~~する~~し + ながら　「ながら」 앞 단에는 꼭 동사의 [ます형]이 옵니다.

└ 「する」의 ます형 변환

해석

ユナ 해외에 있는 친구에게 일본 기념품 선물을 사(주)고 싶어요.
추천하는 가게가 있나요?

ひろ 어떤 게 좋을까요?

ユナ 귀엽고 평소 자주 사용하는 것을 원해요.

ひろ 그거라면 백화점에 좋은 가게가 많이 있어요.
마침 저도 백화점에 가는데, 함께 갈까요?

ユナ 잘 됐네요. 벌써 1시인데 점심밥은 먹었어요?

ひろ 아직이에요. 괜찮으면 함께 식사도 할까요?

ユナ 좋아요. 함께 식사하면서 수다떨어요.

問題もんだい

MP3 058

1 단어를 외워 봅시다.

1 일본풍　　한자 : ________　　히라가나 : ________

2 음악　　________　　________

3 사다　　________　　________

4 식사　　________　　________

5 쇼핑　　________　　________

6 특산품　　________　　________

Hint! 音楽　和風　買い物　確認　食事　買う　お土産

2 문장을 만들어 봅시다.

1 남자친구를 원해요.

彼氏(かれし) ________ ________。

2 음악을 들으면서 쇼핑을 합니다.

音楽(おんがく)を ________ ________ をします。

3 선물을 사고 싶지 않아요. (hint! 사고 싶다＋부정)

① お土産(みやげ)を ________。

② お土産(みやげ)を ________。

4 친구를 만나고 싶지 않았어요. (hint! 만나고 싶다＋부정＋과거)

① 友達(ともだち) ________ ________。

② 友達(ともだち) ________ ________。

5 밥을 먹으면서 수다를 떨었습니다.

ご飯(はん)を ________、おしゃべりを ________。

6 차를 갖고 싶었어요.

車(くるま) ______________________________。

7 회사에 가고 싶지 않아요.

① 会社(かいしゃ)に ______________________________。

② 会社(かいしゃ)に ______________________________。

3 말하고 써 봅시다.

〈ます형+ながら~하면서 / ~たいです~하고 싶습니다〉

예제

彼(かれ)と話(はな)す 그와 이야기하다・ご飯(はん)を食(た)べる 밥을 먹다

彼(かれ)と話(はな)しながら、ご飯(はん)が(を)食(た)べたいです。그와 이야기하면서 밥을 먹고 싶습니다.

1 テレビを見(み)る・お茶(ちゃ)を飲(の)む

______________________________(を)______________________________

2 掃除(そうじ)をする・歌(うた)を聴(き)く

______________________________(を)______________________________

3 写真(しゃしん)を見(み)る・手紙(てがみ)を書(か)く

______________________________(を)______________________________

4 運転(うんてん)をする・デートをする

______________________________(を)______________________________

단어 □ **話(はな)す** 이야기하다 □ **お茶(ちゃ)** 차 □ **掃除(そうじ)する** 청소하다 □ **歌(うた)** 노래 □ **聴(き)く** (감상하며/주의깊게) 듣다
□ **写真(しゃしん)** 사진 □ **手紙(てがみ)** 편지 □ **書(か)く** 쓰다 □ **運転(うんてん)する** 운전하다 □ **デート** 데이트

4 들어 봅시다.

MP3 059

음성을 듣고 과거와 현재의 희망사항에 대해 적으세요.

1 현재 ______________________

과거 ______________________

2 현재 ______________________

과거 ______________________

3 현재 ______________________

과거 ______________________

4 현재 ______________________

과거 ______________________

+++
처음에는 우리말로 정답을 써 넣어 청해 연습을 하다가, 반복해서 들으며 일본어로 정답을 써 나가 보세요.

단어 □ 冷(つめ)たい 차갑다 □ 同(おな)じ 같은 □ もの 물건 □ お揃(そろ)いのバッグ 커플가방, 동일하게 맞춘 가방
□ 元(もと)カレ 전남친

독해+

MP3 060

긴 문장을 읽어봅시다!

昨日(きのう)はちあきさんの家(いえ)に行(い)きました。
駅(えき)から近(ちか)くてきれいな一戸建(いっこだ)ての住宅(じゅうたく)でした。
ちあきさんは私(わたし)のためにおいしいものをたくさん作(つく)りました。
日本料理(にほんりょうり)は韓国(かんこく)でも食(た)べましたが、日本(にほん)の方(かた)が作(つく)る家庭料理(かていりょうり)はとてもおいしかったです。
家(いえ)は和風(わふう)でとても穏(おだ)やかな雰囲気(ふんいき)でした。
今(いま)まで家(いえ)を飾(かざ)ることに興味(きょうみ)がありませんでしたが、
とてもおしゃれで立派(りっぱ)でしたからこれから飾(かざ)りたいです。

Q. 문제를 읽고 위 내용과 답이 맞으면 O 틀리면 X를 써 보세요.

1. ちあきさんは私(わたし)のために料理(りょうり)を作(つく)りましたが、あまりおいしくなかったです。 ☐
2. 私(わたし)は昨日(きのう)、日本料理(にほんりょうり)を初(はじ)めて食(た)べました。 ☐
3. ちあきさんの家(いえ)はおしゃれでいい雰囲気(ふんいき)でした。 ☐

단어 ☐ **一戸建(いっこだ)ての住宅(じゅうたく)** 단독주택 ☐ **[명사]のために** [명사]를 위해서 ☐ **たくさん** 많이 ☐ **作(つく)る** 만들다 ☐ **日本(にほん)の方(かた)** 일본 분 ☐ **家庭料理(かていりょうり)** 가정요리 ☐ **和風(わふう)** 일본풍 ☐ **穏(おだ)やかだ** 온화하다 ☐ **雰囲気(ふんいき)** 분위기 ☐ **飾(かざ)る** 꾸미다 ☐ **こと** ~것 ☐ **興味(きょうみ)** 흥미 ☐ **おしゃれだ** 세련되다 ☐ **立派(りっぱ)だ** 훌륭하다 ☐ **初(はじ)めて** 처음(으로)

13

飲み会でお酒を飲みすぎました。

회식에서 술을 너무 많이 마셨습니다.

문법 포인트

- [ます형] + やすいです : ~하기 쉽습니다 / 편합니다
  [ます형] + にくいです : ~하기 어렵습니다 / 불편합니다
- [ます형] / [い형용사 어간] / [な형용사 어간] + すぎます : 지나치게 ~합니다
- 명사, 동사, 형용사의 명사수식

학습 포인트

이번에는 기존에 알고 있던 い형용사, な형용사, 동사에 간단한 문법을 추가하여 회화의 폭을 넓혀가는 학습을 하게 됩니다.
예를 들면, '사용하다'라는 동사를 사용하여 '사용하기 쉽다/사용하기 어렵다'는 회화를 연습하고, '좁다'라는 형용사를 사용하여 '지나치게 좁다'라고 더욱 강조하는 말투로 이야기해 볼게요.
일상회화에서 정말 많이 쓰이는 문법이자 회화방식이니 집중해서 같이 학습해 볼까요?

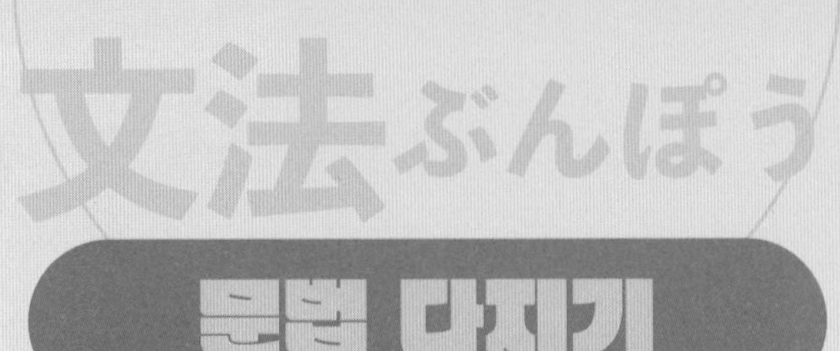

MP3 061

1 ます형 + やすいです/にくいです

1) ます형 + やすいです。 [동사]하기 쉽습니다/편합니다.

このケータイは使いやすいです。 이 휴대폰은 사용하기 쉽습니다.

この町は住みやすいです。 이 동네는 살기 편합니다.

☑ 여기서 쓰인 「やすい」는 「安い 저렴하다, 싸다」가 아닌 「易い 쉽다」입니다.

☑ 동사로 시작했지만 「やすい」로 끝나기에 최종적으로 [い형용사]가 된 형태입니다.

2) ます형 + にくいです。 [동사]하기 어렵습니다/불편합니다.

字が小さくて読みにくいです。 글자가 작아서 읽기 어렵습니다.

この道は運転しにくいです。 이 길은 운전하기 불편합니다.

☑ 여기서 쓰인 「にくい」는 「難い 어렵다, 힘들다」입니다.
「にくい」는 단독으로 사용하지 않고 본 문법처럼 동사의 [ます형]에 접속하여 사용됩니다.

☑ 동사로 시작했지만 「にくい」로 끝나기에 최종적으로 [い형용사]가 된 형태입니다.

2 ます형/형용사 어간 + すぎます。 지나치게/너무 ~합니다.

[ます형]
[い형용사 어간] } **+ すぎます**
[な형용사 어간]

お酒を飲みすぎました。 술을 너무 많이 마셨습니다.

前の部屋は暗すぎました。 이전 방은 지나치게 어두웠습니다.

新しい仕事は大変すぎます。 새로운 일은 너무 힘듭니다.

- ☑ 동사, い형용사, な형용사에 접속하는 문법입니다.
- ☑ 동사 「すぎる」는 '통과하다, (기간이)지나다, (수준이)지나치다' 등의 의미가 있어요.
- ☑ '지나치다'라는 의미의 동사 「すぎる」를 '지나치게, 너무'로 먼저 해석하고, 앞 단의 '[형용사]하다, [동사]하다'를 나중에 해석합니다.

단어 □ **町** 동네 □ **住む** 살다 □ **字** 글자 □ **読む** 읽다 □ **道** 길 □ **運転する** 운전하다 □ **お酒** 술 □ **飲む** 마시다 □ **前** 전, 이전, 앞 □ **部屋** 방 □ **暗い** 어둡다 □ **新しい** 새롭다 □ **仕事** 일 □ **大変だ** 힘들다

3 명사/형용사/동사 + 명사

バイトの仕事 아르바이트 일 (명사+명사)

大変な仕事 힘든 일 (な형용사+명사)

近い所 가까운 곳 (い형용사+명사)

お酒を飲む人 술을 마시는 사람 (동사+명사)

〈각 품사의 명사수식〉

품사		명사	수식된 형태
명사	英語	本	英語の本 영어책
な형용사	有名だ		有名~~だ~~な本 유명한 책
い형용사	大きい		大きい本 큰 책
동사	読む		読む本 읽을(는) 책

☑ 명사, 형용사, 동사는 명사를 수식할 수 있어요.

☑ い형용사와 동사는 문법 변환 없이 바로 연결해 주면 됩니다.

☑ [명사の] [な형용사 어미탈락 후 + な]로 각각 명사를 수식합니다.

단어 □ 大変だ 큰일이다, 힘들다 □ 所 곳, 장소

현재의 문법을 이해했다면 네 가지 활용으로 표현의 영역을 넓히자!

ます형+やすい	4활용	ます형+にくい
使(つか)いやすいです	긍정현재	使(つか)いにくいです
読(よ)みやす~~い~~くないです	부정현재	読(よ)みにく~~い~~くないです
書(か)きやす~~い~~かったです	긍정과거	書(か)きにく~~い~~かったです
聞(き)きやす~~い~~くなかったです	부정과거	聞(き)きにく~~い~~くなかったです

*[동사]로 시작했지만 「やすい・にくい」로 끝나기에 [い형용사]의 문법 형태를 취해요.

い형용사+すぎる	4활용	な형용사+すぎる
暗(くら)~~い~~すぎます	긍정현재	大変(たいへん)~~だ~~すぎます
暗(くら)~~い~~すぎません	부정현재	大変(たいへん)~~だ~~すぎません
暗(くら)~~い~~すぎました	긍정과거	大変(たいへん)~~だ~~すぎました
暗(くら)~~い~~すぎませんでした	부정과거	大変(たいへん)~~だ~~すぎませんでした

*[형용사]로 시작했지만 「すぎる」로 끝나기에 [동사]의 문법 형태를 취해요.

会話文 かいわぶん

MP3 062

◆ 유나가 히로에게 사는 동네와 아르바이트에 대해 묻고 있다.

ユナ　この町(まち)は住(す)みやすいですか。

ひろ　はい、静(しず)かだから住(す)みやすいですけど、道(みち)が少(すこ)し運転(うんてん)しにくいです。

ユナ　あ、そうですか。ひろさんはなぜこの町(まち)に引(ひ)っ越(こ)しましたか。

ひろ　バイト先(さき)から近(ちか)い所(ところ)を探(さが)しましたから。

ユナ　今(いま)のバイトの仕事(しごと)はどうですか。

ひろ　返品(へんぴん)がたくさんあります。大変(たいへん)な仕事(しごと)が多(おお)すぎます。

ユナ　それはきついですね。やめたい気持(きも)ちもありますか。

ひろ　いいえ、いい点(てん)もありますよ。飲(の)み会(かい)がありませんから、とてもいいです。
前(まえ)のバイト先(さき)はいつも飲(の)み会(かい)で毎日(まいにち)お酒(さけ)を飲(の)みすぎました。

ユナ　頻繁(ひんぱん)な飲(の)み会(かい)は嫌(いや)ですね。

단어
□ **町(まち)** 동네　□ **住(す)む** 살다　□ **静(しず)かだ** 조용하다　□ **道(みち)** 길　□ **少(すこ)し** 조금　□ **運転(うんてん)する** 운전하다
□ **なぜ** 왜　□ **引(ひ)っ越(こ)す** 이사하다　□ **バイト先(さき)** 아르바이트 하는 장소　□ **所(ところ)** 곳, 장소　□ **探(さが)す** 찾다
□ **返品(へんぴん)** 반품　□ **大変(たいへん)だ** 힘들다　□ **きつい** 고되다, 심하다　□ **やめる** 관두다　□ **気持(きも)ち** 마음
□ **いい点(てん)** 좋은 점　□ **飲(の)み会(かい)** 회식　□ **いつも** 항상　□ **毎日(まいにち)** 매일　□ **お酒(さけ)** 술　□ **頻繁(ひんぱん)だ** 빈번하다
□ **嫌(いや)だ** 싫다

회화문 짚기

☑ 住(す)みやすいですか。살기 편합니까?

↑ 住む み(ます형)+やすい 살기 편하다

☑ 運転(うんてん)しにくいです。운전하기 어렵습니다.

↑ 運転(うんてん)する し(ます형)+にくい 운전하기 어렵다

☑ バイト先(さき) 아르바이트 처(공간, 장소)

일본어에서 「[명사]+先(さき) = 그 [명사]의 처, 장소, 곳」을 뜻해요.

예 連絡先(れんらくさき) 연락처 旅行先(りょこうさき) 여행하는 곳 取引先(とりひきさき) 거래처 宛先(あてさき) 수신처 滞在先(たいざいさき) 체류지(체재처)

☑ 仕事(しごと)が多(おお)すぎます。일이 너무 많아요.

↑ 多(おお)い(어미탈락)+すぎる
지나치게 많다

お酒(さけ)を飲(の)みすぎました。술을 너무 마셨어요.

↑ 飲(の)む み(ます형)+すぎる
지나치게 마시다

☑ 회화문에 나온 각종 [품사의 명사수식]

수식	접속 방법
명사+명사 (명사와 명사 사이 の)	バイトの仕事(しごと) 아르바이트 일
な형용사+명사 (어미탈락+な)	大変(たいへん)だな仕事(しごと) 힘든 일 頻繁(ひんぱん)だな飲(の)み会(かい) 빈번한 회식
い형용사+명사 (바로 연결)	いい点(てん) 좋은 점 近(ちか)い所(ところ) 가까운 곳
동사+명사 (바로 연결)	お酒(さけ)を飲(の)む人(ひと) 술을 마시는 사람

해석

ユナ 이 동네는 살기 좋아요?

ひろ 네, 조용하니까 살기 편한데, 길이 조금 운전하기 불편해요.

ユナ 아, 그래요? 히로 씨는 왜 이 동네로 이사했나요?

ひろ 아르바이트하는 장소에서 가까운 곳을 찾았으니까요.

ユナ 지금 아르바이트 일은 어때요?

ひろ 반품이 많이 있어요. 힘든 일이 너무 많아요.

ユナ 그건 고되네요. 관두고 싶은 마음도 있나요?

ひろ 아뇨, 좋은 점도 있어요. 회식이 없으니까 엄청 좋아요.
이전 아르바이트에서는 언제나 회식이라 매일 술을 너무 많이 마셨어요.

ユナ 빈번한 회식은 싫네요.

問題もんだい

문제로 확인하기

MP3 063

1 단어를 외워 봅시다.

1 동네　　한자 : ＿＿＿＿　　히라가나 : ＿＿＿＿

2 길　＿＿＿＿　＿＿＿＿

3 반품　＿＿＿＿　＿＿＿＿

4 ~점　＿＿＿＿　＿＿＿＿

5 회식　＿＿＿＿　＿＿＿＿

6 찾다　＿＿＿＿　＿＿＿＿

Hint! 町　探す　易い　返品　点　店　道　飲み会　会社

2 문장을 만들어 봅시다.

1 먹기 쉬워요.

＿＿＿＿ ＿＿＿＿ です。

2 읽기 어렵지 않습니다.

＿＿＿＿ ＿＿＿＿ ＿＿＿＿。

3 운전하기 불편해요.

＿＿＿＿ ＿＿＿＿ です。

4 이 휴대폰은 사용하기 편했어요.

このケータイは ＿＿＿＿ ＿＿＿＿ です。

5 술을 너무 많이 마셨어요.

お酒(さけ)を ＿＿＿＿ ＿＿＿＿。

6 그는 키가 너무 큽니다.

彼(かれ)は背(せ)が ＿＿＿＿ ＿＿＿＿ ます。

3 말하고 써 봅시다.

〈ます형+やすい ~하기 쉽다 / ます형+にくい ~하기 어렵다〉

예제

易(やさ)しい 쉽다 / 難(むずか)しい 어렵다・問題(もんだい) 문제・解(と)く 풀다

(1) 易(やさ)しい問題(もんだい)は解(と)きやすいです。 쉬운 문제는 풀기 쉬워요.

(2) 難(むずか)しい問題(もんだい)は解(と)きにくいです。 어려운 문제는 풀기 어려워요.

1 大(おお)きい/小(ちい)さい・字(じ)・読(よ)む

①

②

2 静(しず)かだ/うるさい・ところ・集中(しゅうちゅう)する

①

②

3 いっぱい食(た)べる/少(すこ)し食(た)べる・人(ひと)・太(ふと)る

①

②

4 親切(しんせつ)だ/親切(しんせつ)じゃない・先生(せんせい)・聞(き)く

①

②

단어 □ **字(じ)** 글자 □ **うるさい** 시끄럽다 □ **ところ** 곳 □ **集中(しゅうちゅう)する** 집중하다 □ **いっぱい** 많이
□ **少(すこ)し** 조금 □ **太(ふと)る** 살찌다 □ **聞(き)く** 듣다, 묻다(질문하다)

예제

字(じ)が小(ち)さい 글자가 작다

字(じ)が小(ち)さすぎました。글자가 너무 작았어요.

5 話(はなし)が速(はや)い

6 彼(かれ)は真面目(まじめ)だ

7 お金(かね)を使(つか)う

8 グラウンドを走(はし)る

9 仕事(しごと)が忙(いそが)しい

10 料理(りょうり)を作(つく)る

단어 □ 話(はなし) 말, 이야기 □ **真面目(まじめ)だ** 성실하다, 진지하다 □ **グラウンド** 그라운드, 운동장 □ **料理(りょうり)** 요리
□ **作(つく)る** 만들다

4 들어 봅시다.

그림과 맞는 상황 ①, ②, ③의 음성을 듣고 고르세요.

MP3 **064**

1

(① ② ③)

2

(① ② ③)

3

(① ② ③)

4

(① ② ③)

단어 □ **飲(の)む** 마시다 □ **話(はな)す** 이야기하다 □ **かける** (전화, 옷 등을)걸다 □ **お箸(はし)** 젓가락 □ **短(みじか)い** 짧다 □ **ない** 없다 □ **新(あたら)しい** 새롭다

映画の撮影地に行って、きれいな景色を見てきます。

えいが さつえいち い / けしき み

영화 촬영지에 가서 멋있는 경치를 보고 올 거예요.

문법 포인트

- 동사의 연결형인[て형] : ~하고, ~해서, ~해
- ~てください : [동사]해 주세요
  (부탁, 청유, 요청, 의뢰)
- ~ています : [동사]하고 있습니다 (현재진행형)
- ~てみます : [동사]해 보겠습니다 (시도)

학습 포인트

하루일과를 이야기하다 보면 '~하고, ~해서'라는 말로 자연스럽게 연결을 하게 될 거예요.
오늘은 동사를 연결하는 [て형]에 대해 배웁니다. 시간의 흐름에 따라 일어나는 일과 상황에 대해 동사를 연결해서 능숙하게 일본어 표현을 해 볼까요?
그리고 [て형]에 각종 동사표현을 더해 '~해 주세요, ~해 볼게요, ~하고 있어요'와 같이 일상에서 많이 쓰이는 말투를 익혀 회화력을 높여 가도록 합니다.

文法ぶんぽう

문법 다지기

MP3 065

1 동사의 연결형 (て형) ~하고, ~해서, ~해

그룹	규칙	동사	연결형
1그룹	~~く~~→いて	書(か)く 쓰다	書(か)いて 쓰고, 써서, 써
	~~ぐ~~→いで	泳(およ)ぐ 헤엄치다	泳(およ)いで 헤엄치고, 헤엄쳐서, 헤엄쳐
	예외) 行(い)く→行(い)って 가고, 가서, 가		
	~~う~~、~~つ~~、~~る~~→って	会(あ)う 만나다	会(あ)って 만나고, 만나서, 만나
		待(ま)つ 기다리다	待(ま)って 기다리고, 기다려서, 기다려
		作(つく)る 만들다	作(つく)って 만들고, 만들어서, 만들어
	~~ぬ~~、~~む~~、~~ぶ~~→んで	死(し)ぬ 죽다	死(し)んで 죽고, 죽어서, 죽어
		飲(の)む 마시다	飲(の)んで 마시고, 마셔서, 마셔
		遊(あそ)ぶ 놀다	遊(あそ)んで 놀고, 놀아서, 놀아
	~~す~~→して	貸(か)す 빌려주다	貸(か)して 빌려주고, 빌려줘서, 빌려줘
2그룹	어미 る탈락+て	食(た)べる 먹다	食(た)べて 먹고, 먹어서, 먹어
		見(み)る 보다	見(み)て 보고, 봐서, 봐
		借(か)りる 빌리다	借(か)りて 빌리고, 빌려서, 빌려
3그룹	불규칙 동사 (그냥 외우기!)	来(く)る 오다	来(き)て 오고 ,와서, 와
		する 하다	して 하고, 해서, 해

☑ 우리말 문장 중 '~하고, ~해서, ~해'가 들어가는 부분엔 대부분 [て형]이 필요해요. 대부분의 기초책에서 [て형]은 '~하고, ~해서'의 소개로 끝나지만, 본 교재로 학습하는 분들은 '~해'까지 추가해 주세요.

☑ '기다려', '먹어', '조심해'와 같은 명령형 문장에서 모두 [て형]이 사용!

☑ [ます형]은 1, 2, 3그룹 별로 나뉘었지만, [て형]은 1그룹 안에서도 네 가지로 나뉘는 난이도가 있는 문법이에요.

☑ [て형]을 만들어 줄 때에 동사의 어미는 탈락되는 점! 꼭 기억하세요!

2 ~てください。(부탁, 청유, 정중한 명령) ~해 주세요.

オルゴール堂も行ってください。 오르골당도 가 주세요.

これ、ちょっと食べてください。 이거 좀 드세요.

もうちょっと待ってください。 조금만 더 기다리세요.

☑ 대개 [부탁, 청유]의 문장에 사용되지만 '줄을 따라 가세요'와 같은 [명령]의 말투도 포함합니다.

☑ 우리말의 '기다려 주세요'에서 '주세요'를 빼면 '기다려!'라는 반말의 명령이 되는 것처럼, 「待ってください」에서 「ください」를 뺀, 「待って」는 '기다려'라는 뜻이 됩니다.

> 「待つ」의 [て형] 해석 : 기다리고, 기다려서, 기다려+주세요
>
> ✦✦✦ Tip! ✦✦✦
>
> 세 가지 [て형]의 해석을 넣어 보고 우리말로 해 봤을 때 가장 적절한 걸 찾아 보세요.

단어 □ **オルゴール堂** 오르골당 (홋카이도 오타루시에 있는 관광명소) □ **もうちょっと** 조금만 더

3 ~ています。(현재진행형/상태) ~하고 있습니다. / ~어 있습니다.

1) 진행 (자동사, 타동사 + ています)

予定を組んでいます。 예정을 짜고 있습니다.

新しい本を読んでいます。 새 책을 읽고 있어요.

2) 상태 (자동사 + ています)

桜が咲いています。 벚꽃이 피어 있습니다.

りんごが落ちています。 사과가 떨어져 있습니다.

☑ [て형]에 「いる」가 붙여진 형태로 어떠한 행동이나 상태가 계속되고 있음을 말해요.

☑ 동사의 성격에 따라 1)과 같은 현재진행형의 의미가 있고 2)와 같이 '그렇게 되어져 있다'라는 상태의 의미도 갖습니다.

> 1) 「組む」의 [て형] 해석 : **짜고**, 짜서, 짜 + **있습니다** (진행)
> 2) 「咲く」의 [て형] 해석 : 피고, 피어서, **피어** + **있습니다** (상태)

만약 꽃이 피어나는 상황이 실시간으로 보인다면 '피고 있습니다' 또한 해석 가능합니다.
다만, 대개의 꽃은 피어나는 변화의 모습이 아닌 만개의 모습으로 보기 때문에 상태의 해석이 많겠죠!

☑ 완벽한 이해를 위해선 자동사와 타동사의 쓰임을 알아야 하지만, 기초 학습이므로 진행과 상태로 나누어 설명해 두었어요.

☑ 「타동사 + てあります」로 타동사의 상태 표현이 가능해요.

단어 □ **予定** 예정 □ **組む** (계획, 예정 등을)짜다 □ **桜** 벚꽃 □ **咲く** 피다 □ **りんご** 사과
□ **落ちる** 떨어지다

※ 항상 「~ている」로 표현하는 동사 (우리말과 다른 동사의 사용)

	우리말	일본어
住む	살아요 (현재)	住んでいます
愛する	사랑해요 (현재)	愛しています
太る	살쪘어요 (과거)	太っています
結婚する	결혼했어요 (과거)	結婚しています
似る	닮았어요 (과거)	似ています

☑ 위 동사로 현재 상황을 표현할 때 우리말로는 현재, 과거 등의 표현이 다양하게 나오지만, 일본어에서는 반드시 진행형으로 표현해야 '현재의 상황을 나타내는 말투'가 됩니다.

☑ 단, 과거에 일어난 시점과 상황을 묻는 경우는 과거형이에요.

A : いつ、結婚しましたか。언제 결혼했어요?

B : 2年前、結婚しました。2년 전에 결혼했어요.

~てみます。 ~해 봅니다. / ~해 보겠습니다.

観光地を探してみます。 관광지를 찾아 보겠습니다.

私が食べてみます。 제가 먹어 볼게요.

ちょっと考えてみます。 조금 생각해 볼게요.

☑ [て형]에 「みる」를 붙여 '시도'를 나타내는 표현이 됩니다.

「探す」의 [て형] 해석 : 찾고, 찾아서, **찾아**+**보다**

단어 □ **住む** 살다 □ **愛する** 사랑하다 □ **太る** 살찌다 □ **結婚する** 결혼하다 □ **似る** 닮다 □ **観光地** 관광지 □ **探す** 찾다 □ **ちょっと** 조금, 잠깐 □ **考える** 생각하다

会話文かいわぶん

MP3 066

◆ 유나와 히로가 유나의 홋카이도 여행 일정에 대해 이야기를 나누고 있다.

ひろ　今、何をしていますか。

ユナ　冬休みに、家族と北海道旅行に行きますけど、その予定を組んでいます。

ひろ　冬に北海道は最高ですね。そこで何をする予定ですか。

ユナ　映画の撮影地に行って、きれいな景色も見てきます。

ひろ　そしたら、オルゴール堂も行ってみてくださいね。

ユナ　オルゴール堂って何ですか。

ひろ　いろいろな形のオルゴールを売っている店です。
とても有名ですよ。

ユナ　いいですね。
ちょっと調べてみますね。

단어 □ **冬休み**(ふゆやす) 겨울 방학 □ **北海道旅行**(ほっかいどうりょこう) 홋카이도 여행 □ **予定**(よてい) 예정 □ **組む**(く) 짜다 □ **冬**(ふゆ) 겨울 □ **最高**(さいこう) 최고 □ **撮影地**(さつえいち) 촬영지 □ **景色**(けしき) 경치 □ **そしたら** 그렇다면 □ **オルゴール堂**(どう) 오르골당 □ **～って** ~은/는 (「は」의 회화체) □ **いろいろだ** 여러 가지이다 □ **形**(かたち) 모양 □ **売る**(う) 팔다 □ **店**(みせ) 가게 □ **調べる**(しら) 조사하다, 찾다

회화문 짚기

☑ 何(なに)をしていますか。 무엇을 하고 있습니까?

する して + います か 하고, 해서, 해 + 있습니까?

↑ [て형] 변환 ↑ [ます형] 변환+의문조사「か」

☑ 予定(よてい)を組(く)んでいます。 예정을 짜고 있습니다.

↑ 組(く)む んで + いる ます 짜고, 짜서, 짜 + 있습니다

☑ 撮影地(さつえいち)に行(い)って、きれいな景色(けしき)を見(み)てきます。 촬영지에 가서 예쁜 경치를 보고 올 거예요.

行(い)く って + ~見(み)てきます 가고, 가서, 가 + ~보고 올 거예요

見(み)る て + きます 보고, 봐서, 봐 + 올 거예요

☑ オルゴール堂(どう)も行(い)ってみてくださいね。 오르골당에 가 보세요.

行(い)く って + 見(み)る て + ください 가고, 가서, 가 + 보고, 봐서, 봐 + 주세요

이 문장에서는 「行(い)く」와 「みる」 두 동사의 [て형]이 연달아 쓰였어요.

☑ オルゴール堂(どう)って何(なん)ですか。 오르골당은 뭐예요?

'은/는'의 조사 「は」는 회화에서 「って」로 많이 사용됩니다.

☑ 調(しら)べてみますね。 찾아 볼게요.

調(しら)べる て + みます 찾고, 찾아서, 찾아 + 볼게요

해석

ひろ 지금 뭘 하고 있어요?

ユナ 겨울 방학에 가족과 홋카이도 여행에 가는데, 그 예정을 짜고 있어요.

ひろ 겨울에 홋카이도는 최고죠. 거기서 뭘 할 예정이에요?

ユナ 영화 촬영지에 가서 예쁜 경치를 보고 올 거예요.

ひろ 그렇다면 오르골당도 가 보세요.

ユナ 오르골당은 뭐예요?

ひろ 여러 가지 모양의 오르골을 팔고 있는 가게예요. 매우 유명하답니다.

ユナ 좋네요. 좀 찾아 볼게요.

問題もんだい

문제로 확인하기

MP3 067

1 단어를 외워 봅시다.

1 겨울 방학 한자 : ______ 히라가나 : ______

2 최고 ______ ______

3 예정 ______ ______

4 짜다 ______ ______

5 모양 ______ ______

6 촬영지 ______ ______

Hint! 撮影地 探す 形 組む 冬休み 売る 最高 予定 旅行

2 문장을 만들어 봅시다.

1 학교에 가세요.
学校(がっこう)に ______ ______。

2 예정을 짜고 있습니다.
予定(よてい)を ______ ______。

3 조금 생각해 볼게요.
ちょっと ______ ______。

4 지금 공부를 하고 있어요.
今(いま)、______ ______ ______。

5 흰색 옷을 입고 있어요.
______ 服(ふく)を ______ ______。

6 저 친구는 결혼했어요.

あの友達(ともだち)は＿＿＿＿＿＿＿＿＿＿＿＿＿＿＿＿。

7 행복한 노래를 불러 주세요.

＿＿＿＿＿＿＿歌(うた)を＿＿＿＿＿＿＿＿＿＿＿＿＿＿＿＿。

3 말하고 써 봅시다.

〈～ている ～하고 있다〉

예제

地下鉄(ちかてつ) 지하철・乗(の)る 타다

A：今(いま)、何(なに)をしていますか。 지금, 무엇을 하고 있나요?

B：地下鉄(ちかてつ)に乗(の)っています。 지하철을 타고 있어요.

1 ピアノ・弾(ひ)く

A：今(いま)、何(なに)をしていますか。

B：＿＿＿＿＿＿＿＿＿＿＿＿＿＿＿＿＿＿＿＿

2 好(す)きな番組(ばんぐみ)・見(み)る

A：今(いま)、何(なに)をしていますか。

B：＿＿＿＿＿＿＿＿＿＿＿＿＿＿＿＿＿＿＿＿

3 新(あたら)しい言語(げんご)・習(なら)う

A：今(いま)、何(なに)をしていますか。

B：＿＿＿＿＿＿＿＿＿＿＿＿＿＿＿＿＿＿＿＿

단어 □ **弾(ひ)く** 치다 □ **番組(ばんぐみ)** 방송 □ **言語(げんご)** 언어 □ **習(なら)う** 배우다

〈~てください ~해 주세요 / ~てみます ~해 볼게요〉

예제

紙(かみ)を切(き)る 종이를 자르다

A : すみませんが、紙(かみ)を切(き)ってください。죄송하지만, 종이를 잘라 주세요.

B : 下手(へた)ですが、切(き)ってみます。잘 못하지만, 잘라 볼게요.

4 日本語(にほんご)で話(はな)す

A : すみませんが、__________

B : 下手(へた)ですが、__________

5 ダンスを踊(おど)る

A : すみませんが、__________

B : 下手(へた)ですが、__________

6 一曲(いっきょく)歌(うた)う

A : すみませんが、__________

B : 下手(へた)ですが、__________

단어 □ **紙(かみ)** 종이 □ **切(き)る** 자르다 □ **ダンス** 댄스 □ **踊(おど)る** 춤추다 □ **一曲(いっきょく)** 한 곡 □ **歌(うた)う** 부르다

4 들어 봅시다.

음성을 잘 듣고 내용과 가장 일치하는 답을 고르세요.

1 ①

②

③

2 ①

②

③

3 ①

②

③

4 ①

②

③

문법+

동사て형 짚기!

기본형	て형	뜻 (세 가지 모두 쓰세요)
① 組(く)む		
② 似(に)る		
③ 作(つく)る		
④ する		
⑤ 帰(かえ)る		
⑥ 来(き)る		
⑦ 貸(か)す		
⑧ 書(か)く		

15

私(わたし)も一緒(いっしょ)に行(い)ってもいいですか。

저도 같이 가도 되나요?

문법 포인트

- 동사 て형 + しまいます :
  ~해 버립니다, ~하고 맙니다 (완료, 후회)
- 동사 て형 + もいいです :
  ~해도 좋습니다, ~해도 됩니다 (허용, 허가)
- 동사 て형 + はいけません :
  ~해서는 안 됩니다 (금지)
- 동사 て형 + ほしいです :
  ~해 주길 원해요 (희망, 요청)

학습 포인트

계속해서 [て형]에 관한 학습을 해 나갈 건데요. [て형]은 동사의 연결 형태로 '~하고, ~해서, ~해'의 해석이 있는 것이 핵심이었어요. 오늘의 학습은 [て형]에 각종 문장들을 더해 [허가] 및 [금지] 등의 말투를 배워 보려 합니다.
허용과 허가의 멘트는 여행 가서 여행객의 입장으로서 빈번히 사용할 수 있고, 금지의 멘트는 관광지나 각종 시설에서의 지켜야 할 사항으로도 많이 언급되는 말투이니 잘 익혀두시면 여행 가셔서도 사용할 일이 반드시 있을 거예요!

MP3 069

1 ～てしまいます。 ~해 버립니다. / ~하고 맙니다.

夜遅(よるおそ)くまで食(た)べてしまいます。 밤늦게까지 먹어 버립니다.

つい嘘(うそ)をついてしまいました。 나도 모르게 거짓말을 해 버렸습니다.

太(ふと)ってしまうのは簡単(かんたん)です。 살쪄 버리는 것은 간단합니다.

☑ [て형]에 보조동사인 「しまう」를 붙여 [완료] 및 [후회]의 의미를 표현합니다.

1) **완료** : 어떤 행위를 완전히 끝냄 　예 책이나 영화를 다 봐 버림

2) **후회** : 어떤 행위를 해서 후회, 유감인 상태 　예 다이어트 중인데 저녁에 치킨을 먹어 버림

「食(た)べる」의 [て형] 해석 : 먹고, 먹어서, <u>먹어</u> + 버리다 / <u>먹고</u>, 먹어서, 먹어 + 말다

☑ 「しまう」 또한 (보조)동사이기 때문에 정중형이나 과거표현은 '동사의 문법 변환'을 따릅니다.

TIP 완료, 후회, 유감을 나타내는 말투로 가장 큰 특징은 과거형을 많이 쓴다는 점!

그렇기에 「～てしまいました」의 과거 표현을 많이 연습하시면 좋아요.

예 食(た)べてしまいます。 먹어 버려요. (나도 모르게, 습관처럼)

食(た)べてしまいました。 먹어 버렸어요. / 먹고 말았어요. (과거 일의 후회)

□ **夜遅(よるおそ)く** 밤늦게 □ **つい** 나도 모르게 □ **嘘(うそ)をつく** 거짓말을 하다(치다) □ **太(ふと)る** 살찌다
□ **동사＋の** [동사]하는 것 □ **簡単(かんたん)だ** 간단하다

2 ～てもいいです。 ～해도 됩니다. / ～해도 좋습니다.

この話(はなし)は信(しん)じてもいいです。 이 이야기는 믿어도 됩니다.

明日(あした)は休(やす)んでもいいです。 내일은 쉬어도 됩니다.

トイレに行(い)ってきてもいいですか。 화장실에 다녀와도 됩니까?

☑ [て형]＋も(도)＋いい(좋다)의 형태로 직역이 가능한 문장이에요.

☑ '～해도 좋다'라는 뜻으로 허가 및 허락을 해 주거나 상대에게 어떤 의뢰가 왔을 때 그것을 허용하는 말투예요.

「信(しん)じる」의 [て형] 해석 : 믿고, 믿어서, **믿어** ＋ 도 됩니다

TIP 「～てもいい」는 [い형용사]로 끝나기 때문에 그 문법 형태를 따르기!

문법	일본어	해석
기본	休(やす)んでもいい	쉬어도 좋다
정중	休(やす)んでもいい＋です	쉬어도 좋습니다
과거반말	休(やす)んでもよいかった	쉬어도 좋았다
과거정중	休(やす)んでもよいかった＋です	쉬어도 좋았어요
から	休(やす)んでもいい＋から	쉬어도 좋으니까
けど	休(やす)んでもいい＋けど	쉬어도 좋지만
명사수식	休(やす)んでもいい＋人	쉬어도 좋은 사람

단어 □ 話(はなし) 이야기 □ 信(しん)じる 믿다 □ 休(やす)む 쉬다 □ トイレ 화장실 □ 行(い)ってくる 다녀오다

3 ～てはいけません。 ～해서는 안 됩니다.

深夜に食事をしてはいけません。
심야시간에 식사를 해서는 안 돼요.

大きい声でおしゃべりしてはいけません。
큰 목소리로 수다떨어서는 안 돼요.

誰にも話してはいけません。
누구에게도 얘기해서는 안 돼요.

☑ [て형] + は(는) + いけません(안 됩니다)의 형태로 직역이 가능한 문장입니다.

☑ '～해서는 안 된다'라는 뜻으로 어떤 행동에 대한 금지를 표현해요.

「話す」의 [て형] 해석 : 말하고, **말해서**, 말해 + 는 안 됩니다

TIP 허가를 묻고 금지를 말하기

이번 학습의 2, 3번의 문법을 가지고 아래와 같은 질문과 대답이 가능합니다.

A : 今、ご飯を食べてもいいですか。 지금 밥을 먹어도 됩니까?

B : いいえ、食べてはいけません。 아뇨, 먹어서는 안 됩니다.

단어 □ 深夜 심야 □ 大きい 크다 □ 声 목소리 □ おしゃべりする 수다떨다 □ 誰にも 누구에게도 □ 話す 이야기하다

4 ～てほしいです。 ～해 줬으면 좋겠어요.

日本語を教えてほしいです。 일본어를 가르쳐 줬으면 좋겠어요.

自然に痩せてほしいです。 자연스럽게 살이 빠졌으면 좋겠어요.

もう帰ってほしいです。 그만 돌아가 줬으면 해요.

- [て형]+「ほしい」를 사용하여 [희망]과 [의뢰]를 표현하는 말투를 구사할 수 있어요.
- 12과의 「[명사]+ほしい」에서 화자의 입장에서 '어떠한 [명사]를 희망하고 원했던 것'처럼, 이번엔 동사를 접속하여 화자의 입장에서 '상대가 [동사]하기를 희망하고 원할 때' 사용합니다.
- 우리말 '～해 줬으면 좋겠다/～해 줬으면 한다/～해 주길 바란다/～해 주길 원한다'에 사용됩니다.
- 「くれる」라는 '(남이 나에게)주다' 동사가 있지만, 이 표현에서는 필요하지 않아요.

TIP 명사 vs 동사의 사용

① [명사] + がほしい

車がほしい。 차를 갖고 싶다(차를 원한다).

② [동사] + てほしい

車を買ってほしい。 차를 사 줬으면 좋겠다(차를 사 주길 원한다).

□ **教える** 가르치다 □ **自然に** 자연스럽게 □ **痩せる** 살이 빠지다, 마르다
□ **もう** 이제, 그만

会話文かいわぶん

MP3 070

◆ 유나와 히로가 식사와 운동에 대한 자신들의 생각을 이야기하고 있다.

ひろ　ユナさんはダイエットとかしますか。

ユナ　もちろんです。でも、夜遅く(よるおそ)まで食(た)べてしまいます。

ひろ　ダイエットの時(とき)は、深夜(しんや)に食事(しょくじ)をしてはいけませんよ。

ユナ　そうですよね。分(わ)かっていますけど、つい…。

ひろ　痩(や)せることは難(むずか)しいけど、太(ふと)ってしまうのは簡単(かんたん)ですから。

ユナ　自然(しぜん)に痩(や)せてほしいですね。
ひろさんは普段(ふだん)、運動(うんどう)していますか。

ひろ　アルバイトがない日(ひ)はジムに行(い)ってちょこっと体(からだ)を動(うご)かしています。もちろん筋(きん)トレも！

ユナ　すごい！ 私(わたし)も一緒(いっしょ)に行(い)ってもいいですか。
運動(うんどう)はどうしても一人(ひとり)では続(つづ)きません。

ひろ　いいですよ。さっそく今日(きょう)から行(い)きましょうか。

단어 □ **ダイエット** 다이어트 □ **とか** 같은 거, 라던지 □ **夜遅く**(よるおそ) 밤늦게 □ **時**(とき) 때 □ **深夜**(しんや) 심야(시간) □ **食事**(しょくじ) 식사 □ **分かる**(わ) 알다 □ **つい** 나도 모르게 □ **痩せる**(や) 마르다, 살 빠지다 □ **難しい**(むずか) 어렵다 □ **太る**(ふと) 살찌다 □ **~てしまう** ~해 버리다 □ **~の** ~것 □ **簡単だ**(かんたん) 간단하다 □ **自然に**(しぜん) 자연스럽게 □ **普段**(ふだん) 평소 □ **運動**(うんどう) 운동 □ **ジム** 헬스장 □ **ちょこっと** 조금, 잠깐 □ **体**(からだ) 몸 □ **動かす**(うご) 움직이게 하다 □ **筋トレ(筋力トレーニング)**(きん / きんりょく) 근력운동 □ **どうしても** 어떻게 해도, 도저히 □ **続く**(つづ) 지속되다, 계속되다 □ **さっそく** 곧장

회화문 짚기

☑ ダイエットとか

명사 뒤에 붙어 '~같은 거', '~라던지'의 의미로 사용됩니다.
「とか」는 일상 회화에서 많이 사용됩니다.

☑ 夜遅くまで食べてしまいます。 밤늦게까지 먹어 버려요.

↑ 食べる → て + しまいます 해석① 먹고, 먹어, 먹어 + 버립니다
해석② 먹고, 먹어서, 먹어 + 맙니다

☑ 食事をしてはいけませんよ。 식사를 해서는 안 됩니다.

↑ する → して + はいけません 하고, 해서, 해 + 는 안 됩니다

☑ 太ってしまうのは簡単ですから 살쪄 버리는 것은 간단하기 때문에

↑ 太る → って + しまう 해석① 살찌고, 살쪄서, 살쪄 + 버리다
해석② 살찌고, 살쪄서, 살쪄 + 말다

☑ 一緒に行ってもいいですか。 같이 가도 될까요?

↑ 行く → って + もいいです 가고, 가서, 가 + 도 됩니다

☑ 自然に痩せてほしいです。 자연스럽게 살이 빠져 줬으면 좋겠어요.

↑ 痩せる → て + ほしいです

이 문법의 경우 '다른 누구/무언가가 나에게 ~해 줬으면 좋겠다'라는 상황에서 표현합니다. '주다'라는 동사가 직접적으로 들어가 있지 않지만 「ほしい」 안에 희망이나 원하는 감정이 들어 있어요.

해석

ひろ 유나 씨는 다이어트 같은 거 하나요?

ユナ 물론이에요. 그렇지만 밤늦게까지 먹어 버려요.

ひろ 다이어트 때는 심야시간에 식사를 해서는 안 돼요.

ユナ 그렇죠. 알고 있는데, 저도 모르게 그만….

ひろ 살 빼는 건 어려운데 살쪄 버리는 건 간단하니까요.

ユナ 자연스럽게 살이 빠져줬으면 좋겠어요. 히로 씨는 평소 운동하나요?

ひろ 아르바이트가 없는 날은 헬스장에 가서 조금 몸을 움직이고 있어요.
물론 근력운동도!

ユナ 대단해요! 저도 같이 가도 되나요? 운동은 도저히 혼자서는 지속되지 않아요.

ひろ 좋아요. 당장 오늘부터 갈까요?

問題もんだい

문제로 확인하기

MP3 071

1 **단어를 외워 봅시다.**

1 마르다 한자 : ________ 히라가나 : ________

2 살찌다 ________ ________

3 움직이게 하다 ________ ________

4 지속되다 ________ ________

5 거짓말 ________ ________

6 밤늦게 ________ ________

Hint! 夜遅く 続く 痩せる 嘘 話す 運動 太る 普段 動かす

2 **문장을 만들어 봅시다.**

1 거짓말을 해서는 안 돼요.
嘘(うそ)を ________ ________。

2 화장실에 가도 됩니까?
________ ________ ________。

3 내일은 돌아가 줬으면 좋겠어요.
明日(あした)は ________ ________。

4 저도 모르게 먹어 버렸어요.
________ ________ ________。

5 자연스럽게 살이 빠졌으면 좋겠어요.
自然(しぜん)に ________ ________。

6 큰 목소리로 수다떨어서는 안 돼요.

大(おお)きい ＿＿＿＿ で ＿＿＿＿＿＿＿＿＿＿＿＿＿＿＿＿＿＿＿＿。

7 이 이야기는 믿어도 돼요.

この ＿＿＿＿ は ＿＿＿＿＿＿＿＿＿＿＿＿。

3 말하고 써 봅시다.

〈～てしまいました ～해 버렸습니다〉

예제

レポート 리포트・提出(ていしゅつ)する 제출하다

A：レポートはどこにありますか。리포트는 어디에 있습니까?

B：もう、提出(ていしゅつ)してしまいました。벌써 제출해 버렸습니다.

1 テーブルの上(うえ)のお菓子(かし)・食(た)べる

A：＿＿＿＿＿＿＿＿＿＿＿＿＿＿どこにありますか。

B：もう、＿＿＿＿＿＿＿＿＿＿＿＿＿＿＿＿

2 子供(こども)のおもちゃ・片付(かたづ)ける

A：＿＿＿＿＿＿＿＿＿＿＿＿＿＿どこにありますか。

B：もう、＿＿＿＿＿＿＿＿＿＿＿＿＿＿＿＿

3 手紙(てがみ)・送(おく)る

A：＿＿＿＿＿＿＿＿＿＿＿＿＿＿どこにありますか。

B：もう、＿＿＿＿＿＿＿＿＿＿＿＿＿＿＿＿

단어 □ **お菓子(かし)** 과자 □ **子供(こども)** 아이 □ **おもちゃ** 장난감 □ **片付(かたづ)ける** 정리하다 □ **手紙(てがみ)** 편지
□ **送(おく)る** 보내다

〈～てもいいです ～해도 좋습니다 / ～てはいけません ～해서는 안 됩니다〉

예제

ここで 여기서・タバコを吸う 담배를 피우다

A：ここでタバコを吸ってもいいですか。여기서 담배를 피워도 됩니까?

B：いいえ、吸ってはいけません。아니요, 피워서는 안 됩니다.

4 日本語で話す

A：

B：いいえ、

5 部屋の中で・楽器を弾く

A：

B：いいえ、

6 空いている席・座る

A：

B：いいえ、

단어 □ **タバコ** 담배 □ **吸う** 피우다 □ **部屋** 방 □ **楽器** 악기 □ **弾く** 치다, 연주하다 □ **空く** 비다 □ **席** 자리, 좌석 □ **座る** 앉다

4 들어 봅시다.

MP3 072

문장을 듣고 질문에 해도 되면 O에, 해서는 안 되면 X에 체크하세요.

1 O X

2 O X

3 O X

4 O X

독해+

MP3 073

독해로 문법과 단어 짚기!

私は会社に通っている３年目の会社員です。

私は恋に落ちやすいタイプですが…。

この前、書類を運ぶ時、少し重かったから先輩に「ちょっと手伝ってください」と言いました。

そしたら優しい笑顔で「女性は重いものを持ってはいけませんよ」と言って先輩はすべての書類を私の代わりに運びました。

この時、私は先輩に惚れてしまいました。

最近、先輩のすべてがかっこよくて、話かけにくいです。

でも、好きだからこっそり先輩を見てしまいます。

こんな私、先輩に告白してもいいでしょうか。

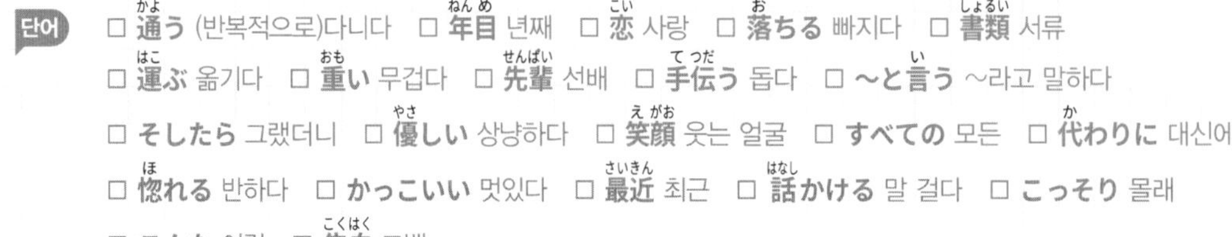

단어 □ 通う (반복적으로)다니다 □ 年目 년째 □ 恋 사랑 □ 落ちる 빠지다 □ 書類 서류 □ 運ぶ 옮기다 □ 重い 무겁다 □ 先輩 선배 □ 手伝う 돕다 □ ～と言う ~라고 말하다 □ そしたら 그랬더니 □ 優しい 상냥하다 □ 笑顔 웃는 얼굴 □ すべての 모든 □ 代わりに 대신에 □ 惚れる 반하다 □ かっこいい 멋있다 □ 最近 최근 □ 話かける 말 걸다 □ こっそり 몰래 □ こんな 이런 □ 告白 고백

16

レンジでチンしてから食(た)べます。

전자레인지에 데우고 나서 먹습니다.

문법 포인트

- 동사 + 형식명사「の」: [동사]하는 것
- て형 + から : ~하고 나서
- て형 + おきます : ~해 둡니다, ~해 놓습니다
- て형 + も : ~해도
- 명사, 형용사, 동사의 て형 세계관 정리

학습 포인트

이 책에서 말하는 [て형]이 갖고 있는 기본적인 해석은 '① ~하고 ② ~해서 ③ ~해'입니다.
여기에 조사나 동사를 더해 '~하고 나서, ~해도, ~해 두다'의 다양한 말투로 나아가는 연습을 해 봅시다.
쉽지만 일본어 고수의 느낌이 물씬 나는 간단한 문법입니다!

文法ぶんぽう

문법 다지기

MP3 074

1 동사+の [동사]하는 것 (=명사)

ご飯を作るの 밥을 만드는 것

ご飯を炊くのは大変です。 밥을 짓는 건 힘들어요.

彼に会うのは何時ですか。 그를 만나는 건 몇 시예요?

☑ 동사의 기본 활용에 접속할 수 있어요.

예 会うの 만나는 것　　会わないの 만나지 않는 것

会ったの 만난 것　　会わなかったの 만나지 않았던 것

☑ 「の」의 의미가 물건의 '것'이 아닌, '[동사]하는 것'의 '것'이라면 대개 「こと」로 바꿔 사용할 수 있어요.

2 ～てから ~하고 나서

家で食べてから出かけます。 집에서 먹고 나서 외출합니다.

コーヒーを飲んでから勉強します。 커피를 마시고 나서 공부합니다.

選択してから注文します。 선택하고 나서 주문합니다.

20分経ってからする。 20분 지나고 나서 하다.

☑ 「て형+ から 부터」가 결합된 문법으로 '~하고 나서'의 의미입니다.

☑ 예를 들어 「食べてから行く 먹고 나서 간다」라고 이야기를 했다면,

① 가기 전에 먹어야 하는 동작의 순서가 중요한 말투입니다.

② 가기 위해서는 먹는 행동이 필요하다는 뉘앙스도 느껴집니다.

3 ～ておきます。 ～해 둡니다. / ～해 놓습니다. (준비 or 상태유지)

3日分を一度に炊いておきます。
3일치를 한 번에 지어 둡니다. (준비)

車に乗るからトイレに行っておきます。
차에 타니까 화장실에 가 둘게요. (준비)

天気がいい日は窓を開けておきます。
날씨가 좋은 날은 창문을 열어 둡니다. (상태유지)

☑ 준비의 개념과 그 상황을 유지하는 개념 두 가지로 나뉘어 사용됩니다.

☑ 「開ける」의 [て형] 해석 : 열고, 열어서, <u>열어</u> + 두다

4 ～ても ～(해)도, ～(어)도

3日後に食べても問題ないですか。 3일 후에 먹어도 문제 없나요?

説明書を読んでも分かりません。 설명서를 읽어도 모르겠어요.

話しても通じません。 이야기해도 통하지 않아요.

☑ 「読む」의 [て형] 해석 : 읽고, 읽어서, <u>읽어</u> + 도

단어 □ **ご飯** 밥 □ **炊く** (밥을)짓다 □ **出かける** 외출하다 □ **勉強する** 공부하다 □ **選択** 선택 □ **注文する** 주문하다 □ **経つ** 경과하다, 지나다 □ **3日分** 3일치 □ **一度に** 한 번에 □ **窓** 창문 □ **開ける** 열다 □ **3日後** 3일 후 □ **問題** 문제 □ **説明書** 설명서 □ **読む** 읽다 □ **分かる** 알다, 이해하다 □ **話す** 이야기하다 □ **通じる** (말이)통하다, 연결되다

5 て형 세계관

て형은 명사, 형용사, 동사에 존재해요!

'먹어도, 읽어도, 이야기해도'와 같이 예문에서는 [동사]에 접속되는 걸 확인했는데요.

기존에 배운 [형용사]와 [명사]로도 만들 수 있는 문법입니다. (예 예뻐도, 맛있어도, 커피여도)

예뻐도 ← な형용사 / 맛있어도 ← い형용사 / 커피여도 ← 명사

		て형(~이고, ~해서)	て형+も(~여도, ~해도)
명사	명사+で	これはコーヒーで、あれはジュースです。 이건 커피이고, 저건 주스입니다.	コーヒーでも苦(にが)くありません。 커피여도 쓰지 않습니다.
な형용사	~~~だ~~+で	きれいで真面目(まじめ)な人(ひと)です。 예쁘고 성실한 사람입니다.	きれいでもモテません。 예뻐도 인기가 없어요.
い형용사	~~~い~~+くて	おいしくていいです。 맛있고 좋습니다.	おいしくても食(た)べません。 맛있어도 안 먹어요.
동사	각 그룹별 て형	食(た)べて行(い)きます。 먹고 갑니다.	食(た)べても太(ふと)りません。 먹어도 살찌지 않아요.

☑ [て형]은 동사뿐만 아니라 명사, 형용사에도 존재합니다.

☑ 문장을 만들 때 연결하는(~이고, ~해서 등) 표현을 한다면 [て형]을 떠올려야 합니다.

☑ 명사, 형용사, 동사의 [て형]의 그 뜻과 쓰임에 익숙해져야 회화가 늘어요!

단어 □ **苦(にが)い** 쓰다 □ **真面目(まじめ)だ** 성실하다 □ **モテる** 인기가 있다 □ **太(ふと)る** 살찌다

어휘+

MP3 075

우리 몸에 착용하는 동사 표현들

착용하는 물건	사용 동사
眼鏡(めがね) 안경 マスク 마스크	かける 걸치다
ドレス 드레스 スーツ 슈트 うわぎ 겉옷	着(き)る 입다
スカート 스커트 靴下(くつした) 양말 ズボン 바지	はく 입다, 신다 (대개 하의 및 신발을)
ネックレス 목걸이 イヤリング 귀걸이 ベルト 벨트	つける 걸다, 착용하다
帽子(ぼうし) 모자	かぶる 쓰다 (머리에)
指輪(ゆびわ) 반지 手袋(てぶくろ) 장갑	はめる 끼우다

会話文 かいわぶん

회화문 익히기

MP3 076

◆ 유나와 히로가 집밥을 해 먹는 방법에 대해 이야기하고 있다.

ひろ　ユナさんは毎日家でご飯を食べますか。

ユナ　はい、朝ご飯はだいたい家で食べてから出かけます。

ひろ　毎日ご飯を炊くのは大変じゃないですか。

ユナ　そうですね。さすがに毎日はきついから３日分を一度に炊いておきます。

ひろ　えっ！３日後に食べても問題ないですか。

ユナ　炊いてすぐ冷凍しておきますから大丈夫です。
食事の時、レンジでチンしてから食べます。

ひろ　いい方法ですね。僕も冷凍してから食べてみます。

ユナ　はい。ぜひ、やってみてほしいです。

단어 □ **朝ごはん** 아침밥 □ **だいたい** 대개 □ **出かける** 외출하다 □ **炊く** (밥을)짓다
□ **동사+の** [동사]하는 것 □ **さすがに** 아무리 그래도, 아무래도 □ **きつい** 고되다, 빡세다
□ **３日分** 3일치, 3일분 □ **一度に** 한 번에 □ **３日後** 3일 후 □ **問題** 문제 □ **すぐ** 곧장, 바로
□ **冷凍する** 냉동하다 □ **レンジ** (전자)레인지 □ **チンする** 데우다 □ **方法** 방법 □ **ぜひ** 꼭, 부디
□ **やる** 하다

회화문 짚기

☑ **大変(たいへん)じゃないですか。** 힘들지 않아요?

억양에 따라 두 가지 표현이 될 수 있어요

① 「か」를 올려 말하기 → 질문 "힘들지 않아요?"

② 「か」를 내려 말하기 → 본인의 생각을 이야기하며 그에 대한 답변을 유도 "힘들잖아요"

☑ **ご飯(はん)を作(つく)るのは大変(たいへん)じゃないですか。** 밥을 짓는 것은 힘들지 않아요?

↳ 「の」는 동사 「作(つく)る」를 수식하는 [형식명사/~것]입니다.

여기서의 「の」는 「こと」로 바꿀 수 있어, 「ご飯(はん)を作(つく)ること」로도 이야기할 수 있어요.

☑ **さすがに**

상황에 따라 많은 해석이 가능한데 우리말로 가장 적당한 건 '아무리 그래도'라고 생각되는데요. 뒤에는 부정적인 표현이 오는 것이 일반적입니다.

예 **さすがに毎日(まいにち)はきつい。** 아무리 그래도 매일은 고되다.

さすがにそれはないよね。 아무리 그래도 그건 (있을 수) 없어.

(어떤 행동과 상황에 이해가 안 되는 모습)

☑ **炊(た)いてすぐ冷凍(れいとう)しておきます。** 짓고 바로 냉동해 둡니다.

한 문장 속에서 [て형]의 해석이 다양하게 사용되었어요.

炊(た)いて 짓고, 지어서, 지어 +すぐ 바로

冷凍(れいとう)して 냉동하고, 냉동해서, 냉동해 + おきます 둡니다

*알아 두면 좋은 「チンする」

전자레인지에서 요리 완성과 동시에 타이머가 끝날 때 '땡~' 하는 소리를 일본에서는 「チン」이라고 표현합니다. 「チンする」라고 하면 '데우다, 전자레인지를 돌리다' 등으로 사용됩니다.

해석

ひろ 유나 씨는 매일 집에서 밥을 먹나요?

ユナ 네, 아침밥은 대개 집에서 먹고 나서 외출해요.

ひろ 매일 밥 짓는 것은 힘들지 않아요?

ユナ 그렇죠. 아무리 그래도 매일은 고되니까 3일분을 한 번에 지어 놓아요.

ひろ 아! 3일 후에 먹어도 문제없어요?

ユナ 짓고 바로 냉동해 두니까 괜찮아요. 식사 때 전자레인지로 데우고 나서 먹어요.

ひろ 좋은 방법이네요. 저도 냉동하고 나서 먹어 봐야겠어요.

ユナ 네. 꼭 해 봤으면 좋겠어요.

問題もんだい

문제로 확인하기

MP3 077

1 **단어를 외워 봅시다.**

1 주문 한자 : ______ 히라가나 : ______

2 선택 ______ ______

3 방법 ______ ______

4 (밥을)짓다 ______ ______

5 냉동 ______ ______

6 3일분 ______ ______

Hint! 三日後 冷凍 勉強 選択 三日分 方法 注文 説明 炊く

2 **문장을 만들어 봅시다.**

1 집에서 먹고 나서 외출합니다.
家(いえ)で ______ 出(で)かけます。

2 날씨가 좋은 날은 창문을 열어 둡니다.
______ が ______ は窓(まど)を ______ ______。

3 냉동해 두니까 괜찮습니다.
______ ______ から、大丈夫(だいじょうぶ)です。

4 책을 읽어도 졸립지 않습니다.
本(ほん)を ______ 眠(ねむ)く ______。

5 말해도 듣지 않아요.
______ 聞(き)きません。

6 일하고 나서 회식에 갑니다.

＿＿＿＿＿＿＿＿＿＿ 飲み会に行きます。

7 먼저 가서 주문해 둘게요.

先に行って ＿＿＿＿＿＿＿＿＿＿。

3 말하고 써 봅시다.

〈～てから ～ておきます ～하고 나서 ～해 둡니다〉

예제

料理を作る 요리를 만들다・冷蔵庫に入れる 냉장고에 넣다

料理を作ってから冷蔵庫に入れておきます。 요리를 만들고 나서 냉장고에 넣어 둡니다.

1 レポートを書く・ファイルに保存する

＿＿＿＿＿＿＿＿＿＿

2 遊ぶ・片付ける

＿＿＿＿＿＿＿＿＿＿

3 洗濯する・干す

＿＿＿＿＿＿＿＿＿＿

4 ほうきで掃く・ぞうきんで拭く

＿＿＿＿＿＿＿＿＿＿

단어 □ **冷蔵庫** 냉장고 □ **入れる** 넣다 □ **ファイル** 파일 □ **保存する** 저장하다 □ **片付ける** 정리하다 □ **洗濯する** 세탁하다 □ **干す** 말리다 □ **ほうき** 빗자루 □ **掃く** (먼지 등을)쓸다 □ **ぞうきん** 걸레 □ **拭く** 닦다

〈～ても～ません ～해도 ～하지 않아요〉

예제

食(た)べる 먹다・太(ふと)る 살찌다

食(た)べても太(ふと)りません。먹어도 살찌지 않아요.

5 3年間(さんねんかん)習(なら)う・理解(りかい)できる

6 働(はたら)く・疲(つか)れる

7 高(たか)いバッグを買(か)う・うれしい

8 病院(びょういん)に行(い)く・治(なお)る

9 お酒(さけ)を飲(の)む・酔(よ)う

10 メッセージを送(おく)る・返事(へんじ)が来(く)る

단어 □ **習(なら)う** 배우다 □ **理解(りかい)** 이해 □ **できる** 할 수 있다 □ **働(はたら)く** 일하다 □ **疲(つか)れる** 피곤하다
□ **うれしい** 기쁘다 □ **病院(びょういん)** 병원 □ **治(なお)る** 낫다 □ **酔(よ)う** 취하다 □ **メッセージ** 메시지
□ **送(おく)る** 보내다 □ **返事(へんじ)** 답장

4 들어 봅시다.

음성을 듣고 먼저 하는 일에 さ(先), 나중에 하는 일에 あ(後)를 적으세요.

MP3 078

1 ① ご飯(はん)を食(た)べる ( )　② メールを送(おく)る ( )

2 ① 冷蔵庫(れいぞうこ)に入(い)れる ( )　② 30分(さんじゅっぷん)待(ま)つ ( )

3 ① 先生(せんせい)のところに行(い)く ( )　② 片付(かたづ)ける ( )

4 ① ご飯(はん)を炊(た)く ( )　② 出(で)かける ( )

단어 □ 冷蔵庫(れいぞうこ) 냉장고　□ 熱(あつ)い 뜨겁다　□ 経(た)つ 경과하다, 지나다　□ ところ 곳　□ 片付(かたづ)ける 정리하다

17

テレビを見(み)たり、本(ほん)を読(よ)んだりします。

텔레비전을 보거나 책을 읽거나 합니다.

문법 포인트

- 동사의 과거형인 [た형]
- ~たり、~たりします : ~하거나 ~하거나 합니다 (나열, 열거)
- [た형] ところです : 막 ~한 참입니다
- [た형] 後(あと)で : ~한 후에
- [た형] 前(まえ)に : ~하기 전에

학습 포인트

아마 여기까지 열심히 학습해 온 분들은 [동사의 과거]를 이미 배웠다고 생각할 거예요.

맞아요, 바로 [ます형]의 과거에서요!

예 行(い)きました 갔습니다
　会(あ)いませんでした 만나지 않았습니다

이번에 배우는 [た형(과거형)]은 기본적으로 '반말의 과거형'이에요. 그리고 [た형]을 사용한 회화 표현도 학습하게 됩니다.

그리고 기쁜 소식! [て형]을 열심히 하셨다면, [た형]은 식은 죽 먹기랍니다!

MP3 079

1 동사의 과거형 (た형)

그룹	규칙	기본형	た형
1 그룹	~~く~~ → いた	書(か)く 쓰다	書(か)いた 썼다
	~~ぐ~~ → いだ	泳(およ)ぐ 헤엄치다	泳(およ)いだ 헤엄쳤다
	*(예외) 行(い)く 가다 → 行(い)った 갔다		
	~~う~~、~~つ~~、~~る~~ → った	会(あ)う 만나다	会(あ)った 만났다
		待(ま)つ 기다리다	待(ま)った 기다렸다
		作(つく)る 만들다	作(つく)った 만들었다
	~~ぬ~~、~~む~~、~~ぶ~~ → んだ	死(し)ぬ 죽다	死(し)んだ 죽었다
		飲(の)む 마시다	飲(の)んだ 마셨다
		遊(あそ)ぶ 놀다	遊(あそ)んだ 놀았다
	~~す~~ → した	貸(か)す 빌려주다	貸(か)した 빌려줬다
2 그룹	어미 る탈락 + た	食(た)べる 먹다	食(た)べた 먹었다
		見(み)る 보다	見(み)た 봤다
		借(か)りる 빌리다	借(か)りた 빌렸다
3 그룹	불규칙 동사 (그냥 외우기!)	来(く)る 오다	来(き)た 왔다
		する 하다	した 했다

☑ [た형]은 과거 또는 완료가 된 상황을 표현해요.

☑ [て형]에서 배운 변화와 거의 동일하죠? 「て」는 「た」로, 「で」는 「だ」로 바뀐 정도입니다.

☑ [た형] + 명사 = [동사]한 명사

① 과거 : 食(た)べた 먹었다 + 人(ひと) 사람 = 食(た)べた人(ひと) 먹은 사람

② 현재, 미래 : 食(た)べる 먹다 + 人(ひと) 사람 = 食(た)べる人(ひと) 먹는/먹을 사람

2 ～たり～たりします。 ～하거나 ～하거나 합니다.

テレビを見たり、本を読んだりします。
텔레비전을 보거나 책을 읽거나 합니다.

本屋に行ったり、カフェでお茶をしたりします。
서점에 가거나 카페에서 차를 마시거나 합니다.

日本語の単語を覚えたり、作文を書いたりします。
일본어 단어를 외우거나 작문을 쓰거나 합니다.

- ☑ 이 문법의 우리말 의미에는 과거가 없지만 [た형]으로 접속하여 이야기하니 주의하여 외워 주세요.
- ☑ 우리말과 같이 두 가지 이상의 동작을 나열할 때 사용돼요.
- ☑ '왔다리 갔다리' 우리나라 말속에 일본어의 잔재가 남아 있으니 이걸로 외우면 수월해요!

3 ～た＋ところです。 막 ～한 참입니다.

今、カフェから帰ってきたところです。
지금 카페에서 막 (집에) 돌아온 참입니다.

今、出かけたところです。
지금 막 외출한 참입니다.

授業はちょうど終わったところです。
수업은 마침 끝난 참입니다.

- ☑ 동작이 방금 끝난 상태로 동사는 [た형(과거형)]으로 접속해야 합니다.
- ☑ 「今 지금」, 「ちょうど 마침」와 함께 쓰이는 경우가 많아요.

단어 □ **本屋** 서점 □ **お茶をする** 차를 마시다 □ **単語** 단어 □ **覚える** 외우다 □ **作文** 작문
□ **帰ってくる** (집에)돌아오다 □ **出かける** 외출하다 □ **ちょうど** 마침 □ **終わる** 끝나다

4 ～た＋後で　～한 후에

家に帰った後で、何をしますか。 집에 돌아온 후에 뭘 해요?

歯を磨いた後で、朝ごはんを食べます。
이를 닦은 후에 아침밥을 먹습니다.

シャワーを浴びた後で、寝ます。 샤워를 한 후에 잡니다.

☑ 우리말 해석으로도 '～한'이라는 과거의 해석이 있기에 [た형]의 사용을 이해하기 쉬워요.

☑ た형 [동사]했다, [동사]한　＋　後(후)

[た형]의 명사수식 시 바로 연결

5 동사 사전형 + 前に　[동사]하기 전에

家に帰る前に何をしますか。 집에 돌아가기 전에 뭐해요?

朝ごはんを食べる前に、歯を磨きます。
아침밥을 먹기 전에 이를 닦습니다.

寝る前にシャワーを浴びます。 자기 전에 샤워를 합니다.

☑ 우리말 해석에서 '[동사]하기 전'이라는 동사의 현재형이 나왔기 때문에, 일본어에서도 동사의 사전형을 사용한 후에 「前に 전에」를 바로 붙여 주면 됩니다.

☑ 「동사＋명사」의 문법입니다.

☑ 4번의 '[동사]한 후에'와 대비되는 표현으로 함께 익히면 좋아요.

단어 □ **帰る** 돌아가다(오다)　□ **歯** 이　□ **磨く** 닦다　□ **朝ごはん** 아침밥　□ **シャワーを浴びる** 샤워를 하다
□ **寝る** 자다

문법+

우리가 배운 동사의 과거형을 모두 만들어 보자!

사전형	정중 과거 (~ました)	반말 과거 (た형)	과거형+人(ひと) (명사수식)
会(あ)う 만나다	会(あ)いました 만났습니다	会(あ)った 만났다	会(あ)った人(ひと) 만난 사람
飲(の)む 마시다	飲(の)みました 마셨습니다	飲(の)んだ 마셨다	飲(の)んだ人(ひと) 마신 사람
借(か)りる 빌리다	借(か)りました 빌렸습니다	借(か)りた 빌렸다	借(か)りた人(ひと) 빌린 사람
行(い)く 가다	行(い)きました 갔습니다	行(い)った 갔다	行(い)った人(ひと) 간 사람
遊(あそ)ぶ 놀다	遊(あそ)びました 놀았습니다	遊(あそ)んだ 놀았다	遊(あそ)んだ人(ひと) 논 사람
貸(か)す 빌려주다	貸(か)しました 빌려줬습니다	貸(か)した 빌려줬다	貸(か)した人(ひと) 빌려준 사람
待(ま)つ 기다리다	待(ま)ちました 기다렸습니다	待(ま)った 기다렸다	待(ま)った人(ひと) 기다린 사람

✦✦✦ Tip! ✦✦✦

과거를 표현할 때 정중형은 [ます형]을, 반말은 [た형]을 떠올리기!

会話文かいわぶん

◆ 유나와 히로가 통화를 하며 휴일을 보내는 방법에 대해 이야기하고 있다.

ひろ ユナさんは休みの日、何をしますか。

ユナ テレビを見たり、本を読んだりします。

ひろ 家で過ごす方ですね。

ユナ 家にいる方が落ち着きます。ひろさんはどうですか。

ひろ 僕は結構、出かける方ですね。
今もカフェから帰ってきたところですから。
僕の場合、本を読むなら、家じゃなくて本屋に行ったり、
カフェで読んだりします。

ユナ それで、家に帰った後で何をしますか。

ひろ だいたい、シャワーを浴びた後で、好きなドラマを見ます。

ユナ ちゃんと休みを楽しんでいますね。

단어
□ **休み** 쉼, 휴일, 휴가 □ **見る** 보다 □ **読む** 읽다 □ **過ごす** 지내다, (시간을)보내다 □ **方** 쪽, 편
□ **落ち着く** 안정되다, 진정되다, 진정하다 □ **結構** 꽤 □ **出かける** 외출하다
□ **명사+の場合** [명사]의 경우 □ **동사+なら** [동사]한다면 □ **本屋** 서점 □ **行く** 가다
□ **それで** 그래서 □ **帰る** 돌아가다(오다) □ **だいたい** 대개 □ **シャワーを浴びる** 샤워를 하다
□ **楽しむ** 즐기다

회화문 짚기

☑ テレビを見(み)たり、本(ほん)を読(よ)んだりします。텔레비전을 보거나 책을 읽거나 해요.

↑ 見(み)るたり　↑ 読(よ)むんだり

☑ 本屋(ほんや)に行(い)ったり、カフェで読(よ)んだりします。서점에 가거가 카페에서 읽거나 해요.

↑ 行(い)くったり　↑ 読(よ)むんだり

☑ 過(す)ごす方(ほう) / 出(で)かける方(ほう)

〈동사의 명사수식 꿀팁! 동사의 기본활용에서 바로 연결하기〉

過(す)ごす [동사] + 方(ほう) [명사] = 過(す)ごす方(ほう)
지내다　편/쪽　지내는 편/쪽

出(で)かける [동사] + 方(ほう) [명사] = 出(で)かける方(ほう)
외출하다　편/쪽　외출하는 편/쪽

☑ 今(いま)もカフェから帰(かえ)ってきたところです。지금도 카페에서 돌아온 참이에요.

帰(かえ)ってくるきた + ところだ 막 돌아온 참이다

☑ 「本(ほん)を読(よ)むなら家(いえ)じゃなくて」 문장의 해석이 어렵다면?

読(よ)む [기본형] + なら [가정] = 読(よ)むなら 읽는다면

家(いえ)じゃない [명사부정] + くて [い형용사 연결] = 家(いえ)じゃないくて 집이 아니라, 집이 아니고

☑ 帰(かえ)った後(あと)で 돌아간 후

帰(かえ)るった + 後(あと)で

シャワーを浴(あ)びた後(あと)で 샤워한 후에

浴(あ)びるた + 後(あと)で

해석

ひろ 유나 씨는 쉬는 날 뭐해요?

ユナ 텔레비전을 보거나 책을 읽거나 해요.

ひろ 집에서 지내는 편이네요.

ユナ 집에 있는 편이 안정돼요. 히로 씨는 어때요?

ひろ 저는 꽤 외출하는 편이에요. 지금도 카페에서 막 돌아온 참이거든요.
저 같은 경우, 책을 읽는다면 집이 아니라 서점에 가거나 카페에서 읽거나 해요.

ユナ 그래서 집에 돌아온 후에 뭐 해요?

ひろ 대개, 샤워한 후에 좋아하는 드라마를 봐요.

ユナ 제대로 휴식을 즐기고 있네요.

問題もんだい

1 단어를 외워 봅시다.

1 닦다 한자 : ______ 히라가나 : ______

2 안정되다 ______ ______

3 지치다 ______ ______

4 지내다, 보내다 ______ ______

5 꽤 ______ ______

6 작문 ______ ______

Hint! 磨く 作文 単語 落ち着く お茶をする 疲れる 帰る 結構 過ごす

2 문장을 만들어 봅시다.

1 텔레비전을 보거나 책을 읽거나 합니다.

テレビを ______ 本(ほん)を ______ ______。

2 단어를 외우거나 작문을 쓰거나 합니다.

単語(たんご)を ______ 作文(さくぶん)を ______ ______。

3 이를 닦은 후에 아침밥을 먹습니다.

歯(は)を ______ ______ 朝(あさ)ごはんを ______。

4 지금 막 돌아온 참입니다.

今(いま)、______ ______ です。

5 샤워를 한 후에 잡니다.

シャワーを ______ ______ 寝(ね)ます。

6 자기 전에 샤워를 합니다.

寝る＿＿＿＿＿ シャワーを＿＿＿＿＿＿。

7 주말에는 친구와 놀거나 쇼핑을 하거나 합니다.

週末は友達と＿＿＿＿＿＿＿＿＿＿ を＿＿＿＿＿ します。

3 말하고 써 봅시다.

〈～たり～たり します ～하거나 ～하거나 합니다〉

예제

動物園に行く 동물원에 가다・そこでランチを食べる 거기서 점심을 먹다

A：今日は何をしますか。오늘은 무엇을 하나요?

B：動物園に行ったり、そこでランチを食べたりします。
동물원에 가거나 거기서 점심을 먹거나 합니다.

1 宿題をする・テレビを見る

A：昨日の夜は何をしましたか。

B：＿＿＿＿＿＿＿＿＿＿

2 お風呂に入る・サウナに行く

A：今週末には何をしますか。

B：＿＿＿＿＿＿＿＿＿＿

3 一緒に料理を作る・遠出する

A：デートの時に何をしますか。

B：＿＿＿＿＿＿＿＿＿＿

단어 □ 動物園 동물원 □ 宿題 숙제 □ お風呂に入る 목욕을 하다 □ サウナ 사우나 □ 今週末 이번 주말 □ 遠出する 멀리 나가다

〈～た後(あと)で　～한 후에〉

예제

勉強(べんきょう)する 공부를 하다・ご飯(はん)を食(た)べる 밥을 먹다

(1) 勉強(べんきょう)した後(あと)でご飯(はん)を食(た)べます。공부를 한 후에 밥을 먹습니다.

(2) ご飯(はん)を食(た)べた後(あと)で勉強(べんきょう)をします。밥을 먹은 후에 공부를 합니다.

4 歯(は)を磨(みが)く・体(からだ)を洗(あら)う

①

②

5 シャワーを浴(あ)びる・ゲームをする

①

②

6 友達(ともだち)の家(いえ)に寄(よ)る・買(か)い物(もの)に行(い)く

①

②

단어 □ **歯(は)** 이 □ **磨(みが)く** 닦다 □ **洗(あら)う** 씻다 □ **シャワーを浴(あ)びる** 샤워를 하다 □ **寄(よ)る** 들르다
□ **買(か)い物(もの)** 쇼핑, 장보기

4 들어 봅시다.

MP3 082

스즈키 씨가 먼저하는 일에 ま(前(まえ)), 나중에 하는 일에 あ(後(あと))를 적으세요.

1 ① ご飯(はん)を食(た)べる ( )　② 歯(は)を磨(みが)く ( )

2 ① 出勤(しゅっきん)する ( )　② コーヒーを飲(の)む ( )

3 ① 朝(あさ)ごはんを食(た)べる ( )　② 運動(うんどう)する ( )

4 ① 単語(たんご)を覚(おぼ)える ( )　② 文法(ぶんぽう)を勉強(べんきょう)する ( )

単語
たんご

ます形＋
…

단어 □ **出勤(しゅっきん)する** 출근하다 □ **逆(ぎゃく)** 반대, 거꾸로 □ **普段(ふだん)** 평소 □ **いつも** 항상 □ **文法(ぶんぽう)** 문법
□ **単語(たんご)** 단어 □ **重要(じゅうよう)だ** 중요하다 □ **覚(おぼ)える** 외우다

た형(반말) & ました형(정중형) 변환 연습해 보기!

기본형	た형	뜻	～ました	뜻
① 読む				
② 出かける				
③ 作る				
④ 遊ぶ				
⑤ 帰る				
⑥ 来る				
⑦ 待つ				
⑧ 泳ぐ				

18

大学(だいがく)の時(とき)、カフェで働(はたら)いたことがあります。

대학 때, 카페에서 일한 적이 있습니다.

문법 포인트

- た형＋ことがあります : ~한 적이 있습니다 (경험)
- た형＋方(ほう)がいいです : ~하는 편이 좋습니다 (조언, 충고)
- 사전형＋ことができます : ~하는 것이 가능합니다 (가능)

학습 포인트

동사를 [た형(과거)]으로 바꿔 사용할 수 있는 여러 문법에 대해 배울 건데요.
'~한 적이 있습니다'와 같이 [경험]을 나타내는 말이나, '~하는 편이 좋습니다'와 같이 [조언]이나 [충고]를 하는 표현이 이번 학습의 포인트입니다. 그리고 '~하는 것이 가능합니다'라는 가능을 나타내는 문장까지 익혀 볼게요!

文法ぶんぽう

문법 다지기

MP3 083

1 た형 + ことがあります。 ~한 적이 있습니다. (경험)

大学(だいがく)の時(とき)、カフェで働(はたら)いたことがあります。
대학 때, 카페에서 일한 적이 있습니다.

バイトをしたことがありますか。
아르바이트를 한 적이 있습니까?

ジュースも作(つく)ったことがありません。
주스도 만든 적이 없습니다.

- ☑ 이 문법은 [た형]을 활용하여 경험의 유무를 나타냅니다.
- ☑ 「こと」는 '것, 일, 적, 때' 등의 다양한 해석이 있어요.
  여기서의 「こと」는 '~한+적이+있습니다'로 해석합니다.
- ☑ 이 문법 또한 네 가지 활용이 가능해요.

	た형+ことがあります의 4활용	우리말 해석
긍정현재	働(はたら)いたことがあります。	일한 적이 있습니다.
부정현재	働(はたら)いたことがありません。	일한 적이 없습니다.
긍정과거	働(はたら)いたことがありました。	일한 적이 있었습니다.
부정과거	働(はたら)いたことがありませんでした。	일한 적이 없었습니다.

2 た형 + 方がいいです。 ~하는 편이 좋습니다. (조언/충고)

いろんな経験を積んだ方がいいです。 여러 경험을 쌓는 편이 좋아요.

この本は読んでおいた方がいいです。 이 책은 읽어 두는 편이 좋아요.

疲れているから休んだ方がいいです。 피곤하니까 쉬는 편이 좋아요.

薬を飲んだ方がいいですよ。 약을 먹는 편이 좋아요.

- た형+方が 편이 + いいです 좋습니다
- '~하는 편이 좋다'의 우리말 동사 해석에는 과거의 의미가 없지만, 일본어에서는 동사가 [た형(과거형)]으로 접속된다는 점에 유의해 주세요!
- 한국은 '약'에는 '먹다'라는 동사가 매칭되는 반면, 일본에서는 「飲む 마시다」를 사용해요.
- 종조사 「ね」&「よ」

ね	종조사	よ
자신의 의견도 말하면서 상대방의 공감도 요구하는 듯한 말투	사용	보다 자신의 의견을 강하게 이야기함
薬を飲んだ方がいいですね。	예문	薬を飲んだ方がいいですよ。
약을 먹는 편이 좋겠네요.	해석	약을 먹는 편이 좋아요.

단어 □ 働く 일하다 □ ジュース 주스 □ 経験 경험 □ 積む 쌓다 □ 読んでおく 읽어 두다
□ 疲れる 피곤하다, 지치다 □ 薬を飲む 약을 먹다

3 사전형 + ことができます。 [동사]하는 것이 가능합니다. (= [동사]할 수 있습니다.)

ケーキを作(つく)ることができます。 케이크를 만들 수 있습니다.

日本語(にほんご)で話(はな)すことができます。 일본어로 이야기할 수 있습니다.

一人(ひとり)で旅行(りょこう)することができます。 혼자서 여행할 수 있습니다.

- ☑ 이 문법은 「동사의 사전형 +ことができる」를 넣어 [가능]의 의미를 나타냅니다.
- ☑ 「こと」는 '것, 일, 적, 때' 등의 해석이 있어요.

  동사사전형 + こと + が + できます
  [동사]하는 + 것 + 이 + 가능합니다 → [동사]할 수 있어요

- ☑ 이 문법 또한 네 가지 활용이 가능해요.

	사전형 + ことができる의 4활용	우리말 해석
긍정현재	作(つく)ることができます。	만드는 것이 가능합니다. (= 만들 수 있습니다.)
부정현재	作(つく)ることができません。	만드는 것이 가능하지 않습니다. (= 만들 수 없습니다.)
긍정과거	作(つく)ることができました。	만드는 것이 가능했습니다. (= 만들 수 있었습니다.)
부정과거	作(つく)ることができませんでした。	만드는 것이 가능하지 않았습니다. (= 만들 수 없었습니다.)

단어 □ 一人(ひとり)で 혼자서 □ 旅行(りょこう)する 여행하다

문법+

알아 두면 좋아요!

「ことがあります」 앞에 [과거형(た형)]과 [현재형] 중 어느 것이 오는지에 따라 그 의미가 달라져요. 현재형 접속 시 「こと」는 '적'이 아닌 '때'로 해석되며 습관적이거나 일상적인 상황을 표현합니다.

	과거형(た형) + ことがある	현재형 + ことがある
분류	경험	습관, 일상
해석	~한 적이 있다	~하는(할) 때가 있다
예문	日本料理(にほんりょうり)を食(た)べたことがある。 일본요리를 먹은 적이 있다. あの店(みせ)は休(やす)んだことがありません。 저 가게는 쉰 적이 없어요.	たまに日本料理(にほんりょうり)を食(た)べることがある。 가끔 일본요리를 먹을 때가 있다. あの店(みせ)は時々(ときどき)休(やす)むことがあります。 저 가게는 때때로 쉴 때가 있어요.

이렇듯 앞 동사의 시제에 따라 「こと」는 '것, 적' 등의 해석으로 나아가니 잘 익혀 두세요!

단어 □ **たまに** 가끔 □ **時々**(ときどき) 때때로

会話文 かいわぶん

회화문 익히기

MP3 084

◆ 유나와 히로가 각자의 아르바이트 경험에 대해 이야기하고 있다.

ひろ　ユナさんはバイトしたことがありますか。

ユナ　もちろんです。初めてのアルバイトはチラシ配りでした。

ひろ　僕もチラシを配ったことがありますよ。夏はきついですよね。
あと大学の時、カフェで働いたこともあります。

ユナ　カフェは憧れのバイトですよね。
カフェで働いたことがありませんから気になります。

ひろ　楽しかったですよ。
その経験で今はケーキを作ることができます。

ユナ　それはうらやましいです。私はジュースも作ったことが
ありませんから、カフェで働いてみたいですね。

ひろ　ぜひ、やってみてください。
若い時にいろんな経験を積んだ方がいいですから。

단어　□ **(アル)バイト** 아르바이트　□ **初めて** 처음　□ **チラシ** 전단지　□ **チラシ配り** 전단지 돌리기
□ **配る** 배포하다, (전단지를)돌리다　□ **きつい** 힘들다, 고되다　□ **働く** 일하다　□ **憧れ** 동경, 선망
□ **気になる** 관심이 가다, 신경 쓰이다　□ **経験** 경험　□ **うらやましい** 부럽다　□ **ジュース** 주스
□ **やる** 하다　□ **若い** 젊다　□ **時** 때　□ **いろんな** 여러 가지　□ **積む** 쌓다

회화문 짚기

☑ た형 + ことがあります ~한 적이 있습니다

① バイト**したことがありますか**。 아르바이트한 적이 있습니까? (긍정현재 의문)

└ ~~する~~した + ことがありますか 한 적이 있습니까?

② チラシを**配**(くば)**ったことがあります**。 전단지를 돌린 적이 있습니다. (긍정현재)

└ 配(くば)~~る~~った + ことがあります 돌린 적이 있습니다

③ カフェで**働**(はたら)**いたことがありません**。 카페에서 일한 적이 없습니다. (부정현재)

└ 働(はたら)~~く~~いた + ことがありません 일한 적이 없습니다

④ ジュースも**作**(つく)**ったことがありません**。 주스도 만든 적이 없습니다. (부정현재)

└ 作(つく)~~る~~った + ことがありません 만든 적이 없습니다

☑ [た형]이 필요한 '~하는 편이 좋습니다'

経験(けいけん)**を積**(つ)**んだ方**(ほう)**がいいです**。 경험을 쌓는 편이 좋습니다.

└ 積(つ)~~む~~んだ + 方(ほう)がいいです 쌓는 편이 좋습니다

☑ 気(き)になる

「気(き)」는 '정신, 마음, 생각' 등의 의미를 가고 있어요. 「気(き)になる」는 '걱정이 되다, 관심이 가다, 신경 쓰이다, 궁금하다'의 다양한 해석이 가능하니 꼭 익혀 주세요.

- 이밖에 「気(き)」와 관련된 표현 : **気(き)にする** 신경 쓰다 (걱정, 눈치)
  気(き)に入(はい)る 마음에 들다
  気(き)を付(つ)ける 조심하다
  気(き)が付(つ)く 깨닫다, 알아채다

해석

ひろ 유나 씨는 아르바이트한 적이 있어요?

ユナ 물론이죠. 처음 아르바이트는 전단지 돌리기였어요.

ひろ 저도 전단지를 돌린 적 있어요. 여름은 힘들죠.
그리고 대학 때, 카페에서 아르바이트한 적도 있어요.

ユナ 카페는 하고 싶은(동경의) 아르바이트죠.
카페에서 일한 적이 없으니까 관심이 가네요.

ひろ 즐거웠어요. 그 경험으로 지금은 케이크를 만들 수 있어요.

ユナ 그건 부럽네요. 저는 주스도 만들어 본 적이 없으니까, 카페에서 일해 보고 싶네요.

ひろ 꼭 해 보세요. 젊을 때 여러 경험을 쌓는 게 좋으니까요.

問題もんだい

MP3 085

1 단어를 외워 봅시다.

1 쌓다 한자 : ________ 히라가나 : ________

2 경험 ________ ________

3 배포하다 ________ ________

4 일하다 ________ ________

5 관심이 가다 ________ ________

6 동경 ________ ________

Hint! 経験 結構 積む 年間 働く 配る 気になる 風邪 憧れ

2 문장을 만들어 봅시다.

1 카페에서 아르바이트를 한 적이 있습니다

カフェでアルバイトを ________ ________ ________。

2 한국어로 쓸 수 있습니다.

韓国語(かんこくご)で ________ ________ ________。

3 혼자서 여행할 수 없습니다.

一人(ひとり)で旅行(りょこう) ________ ________ ________。

4 약을 먹는 편이 좋습니다.

薬(くすり)を ________ ________ いいです。

5 일본어로 이야기할 수 있었습니다.

日本語(にほんご)で ________ ________ ________。

6 커피를 마셔 본 적이 없습니다.

コーヒーを ________ ________ ________。

7 채소를 자른 적이 있었습니다.

野菜(やさい)を ________ ________ ________。

3 말하고 써 봅시다.

〈～たことがあります ～한 적이 있습니다 (네 가지 활용)〉

예제

Q : 風邪(かぜ)をひいたことがありますか。감기에 걸린 적이 있습니까?

① 風邪(かぜ)をひいたことがあります。감기에 걸린 적이 있습니다.

② 風邪(かぜ)をひいたことがありません。감기에 걸린 적이 없습니다.

③ 風邪(かぜ)をひいたことがありました。감기에 걸린 적이 있었습니다.

④ 風邪(かぜ)をひいたことがありませんでした。감기에 걸린 적이 없었습니다.

1 Q : 一人(ひとり)で旅行(りょこう)したことがありますか。

①

②

③

④

2 Q : 海外(かいがい)でアルバイトしたことがありますか。

①

②

③

④

3 Q : 恋人(こいびと)に怒(おこ)ったことがありますか。

①

②

③

④

단어 □ 風邪(かぜ)をひく 감기에 걸리다 □ 海外(かいがい) 해외 □ 恋人(こいびと) 애인 □ 怒(おこ)る 화내다

〈～た方(ほう)がいいです ～하는 편이 좋습니다〉

体(からだ)の調子(ちょうし)が悪(わる)い 몸 상태가 나쁘다・薬(くすり)を飲(の)む 약을 먹다

体(からだ)の調子(ちょうし)が悪(わる)い時(とき)は、薬(くすり)を飲(の)んだ方(ほう)がいいです。몸 상태가 나쁠 때는 약을 먹는 편이 좋습니다.

4 分(わ)からない問題(もんだい)がある・先生(せんせい)に聞(き)く

________時(とき)は、________

5 疲(つか)れる・ゆっくり休(やす)む

________時(とき)は、________

6 物(もの)を借(か)りる・ちゃんとお礼(れい)を言(い)う

________時(とき)は、________

4 들어 봅시다.

MP3 086

음성을 듣고 질문에 해당하는 경험이 있으면 O, 없으면 X에 체크하세요.

1 O (　　　　)　X (　　　　)

2 O (　　　　)　X (　　　　)

3 O (　　　　)　X (　　　　)

4 O (　　　　)　X (　　　　)

단어 □ 分(わ)からない 모르다 □ 疲(つか)れる 피곤하다 □ ゆっくり 천천히, 푹 □ 物(もの) 물건 □ 借(か)りる 빌리다 □ お礼(れい)を言(い)う 예를 표하다 □ 付(つ)き合(あ)う 사귀다 □ 服(ふく) 옷 □ 運転(うんてん)する 운전하다 □ 来月(らいげつ) 다음달

た형 세계관

☑ 이제까지 배운 명사, 형용사, 동사의 [과거]는 「た」로 끝난다는 공통점이 있어요.

긍정	대표 단어	반말과거	정중과거
명사	先生(せんせい) 선생님	先生(せんせい)だった 선생님이었다	先生(せんせい)でした 선생님이었습니다
な형용사	きれいだ 예쁘다	きれいだった 예뻤다	きれいでした 예뻤습니다
い형용사	おいしい 맛있다	おいしかった 맛있었다	おいしかったです 맛있었습니다
동사	働(はたら)く 일하다	働(はたら)いた 일했다	働(はたら)きました 일했습니다
부정	**대표 단어**	**반말과거**	**정중과거**
명사	先生(せんせい)じゃない 先生(せんせい)ではない 선생님이 아니다	先生(せんせい)じゃなかった 先生(せんせい)ではなかった 선생님이 아니었다	先生(せんせい)じゃなかったです 先生(せんせい)ではなかったです 先生(せんせい)じゃありませんでした 先生(せんせい)ではありませんでした 선생님이 아니었습니다
な형용사	きれいじゃない きれいではない 예쁘지 않다	きれいじゃなかった きれいではなかった 예쁘지 않았다	きれいじゃなかったです きれいではなかったです きれいじゃありませんでした きれいではありませんでした 예쁘지 않았습니다
い형용사	おいしくない 맛있지 않다	おいしくなかった 맛있지 않았다	おいしくなかったです おいしくありませんでした 맛있지 않았습니다
동사	働(はたら)かない 일하지 않다 (다음 과에서 배움)	働(はたら)かなかった 일하지 않았다	働(はたら)かなかったです 働(はたら)きませんでした 일하지 않았습니다

☑ 먼저 긍정과 부정으로 나뉘어 소개된 품사별 과거형태에 대해 파악해 보세요.

☑ 명사, な형용사, い형용사, 동사로 나뉘어서 학습하던 과거형이 하나로 연결되는 세계임을 알 수 있어요.

19

寒(さむ)いから出(で)かけないでください。

추우니까 나가지 말아 주세요.

문법 포인트

- 동사의 부정형인 [ない형]
- ない형+でください
  : ~하지 말아 주세요, ~하지 마세요 (금지)
- ない형+方(ほう)がいいです
  : ~하지 않는 편이 좋아요 (조언, 충고)

학습 포인트

이번에는 동사의 부정형을 배울 시간이에요. 동사의 첫 시간이었던 [ます형]의 네 가지 활용 중, 두 번째에 '~하지 않습니다'라는 정중형의 과거를 짚었는데요. 오늘 배울 [ない형]은 정중형이 아닌 반말로 '~지 않다/~지 않아'와 같이 쓰입니다. 게다가 [ない형]에 「です」를 붙여 주면 바로 정중한 형태가 되기에 회화에서 두루두루 잘 쓰인답니다.

文法ぶんぽう

문법 다지기

MP3 087

1 동사의 부정형 : ない형

그룹	활용	예
1그룹	어미 う단 → あ단 + ない	行(い)く 가다 → 行(い)かない 가지 않다
		泳(およ)ぐ 수영하다 → 泳(およ)がない 수영하지 않다
		話(はな)す 이야기하다 → 話(はな)さない 이야기하지 않다
		持(も)つ 들다 → 持(も)たない 들지 않다
		死(し)ぬ 죽다 → 死(し)なない 죽지 않다
		呼(よ)ぶ 부르다 → 呼(よ)ばない 부르지 않다
		飲(の)む 마시다 → 飲(の)まない 마시지 않다
		通(とお)る 지나가다 → 通(とお)らない 지나가지 않다
		作(つく)る 만들다 → 作(つく)らない 만들지 않다
		切(き)る 자르다 → 切(き)らない 자르지 않다
		入(はい)る 들어가다 → 入(はい)らない 들어가지 않다
		ある 있다 → ない 없다 (사물, 식물)
	예외 (う → わ)	吸(す)う 피우다, 흡입하다 → 吸(す)わない 피우지 않다
2그룹	어미 る탈락 + ない	出(で)かける 외출하다 → 出(で)かけない 외출하지 않다
		捨(す)てる 버리다 → 捨(す)てない 버리지 않다
		いる 있다 → いない 없다 (사람, 동물)
3그룹	불규칙	(無理(むり))する (무리)하다 → (無理(むり))しない (무리)하지 않다
		来(く)る 오다 → 来(こ)ない 오지 않다

2 ない형 + でください。 ~하지 말아 주세요. / ~하지 마세요.

寒いから出かけないでください。
추우니까 외출하지 마세요.

体調が悪いから無理しないでください。
몸 상태가 나쁘니까 무리하지 마세요.

タバコを吸わないでください。
담배를 피우지 마세요.

☑ 동사의 「ない형+でください」는 '~하지 말아 주세요, ~하지 마세요'의 표현이 됩니다.

☑ 어떠한 행동에 대해 금지를 요청하는 말투이니 꼭 알아 두는 게 좋아요!

☑ [て형] 파트에서 학습한 「て형+ください ~해 주세요」와 반대되는 표현이니 함께 익히기!

동사	요청 · 부탁	금지 · 요구
	て형+ください	ない형+でください
食べる 먹다	食べてください 먹어 주세요	食べないでください 먹지 말아 주세요
出かける 외출하다	出かけてください 외출해 주세요	出かけないでください 외출하지 말아 주세요
吸う 피우다	吸ってください 피워 주세요	吸わないでください 피우지 말아 주세요
行く 가다	行ってください 가 주세요	行かないでください 가지 말아 주세요

단어 □ 出かける 외출하다 □ 体調 몸 상태, 컨디션 □ 悪い 나쁘다 □ 無理する 무리하다 □ タバコ 담배
□ 吸う 피우다

3 ない형+方(ほう)がいいです。 ~하지 않는 편이 좋습니다.

お風呂(ふろ)には入(はい)らない方(ほう)がいいです。 목욕은 하지 않는 편이 좋아요.

何(なに)もしない方(ほう)がいいです。 아무것도 하지 않는 게 좋아요.

夜更(よふ)かししない方(ほう)がいいです。 늦게 자지 않는 편이 좋아요.

☑ 동사의 「ない형+方(ほう)が+いいです」는 '~하지 않는 편이 좋습니다'의 뜻으로 우리말 직역이 가능합니다.

☑ 18과에서 배운 「동사 た형+方(ほう)が + いいです ~하는 편이 좋습니다」와 반대되는 표현이죠.

✦✦✦ Tip! ✦✦✦

긍정에서는 [た형]을 사용하고 부정에서는 [ない형]을 사용하는 것이 이 문법의 핵심이에요!

동사	긍정	부정
	~하는 편이 좋다	~하지 않는 편이 좋다
入(はい)る 들어가다	入(はい)った方(ほう)がいいです 들어가는 편이 좋습니다	入(はい)らない方(ほう)がいいです 들어가지 않는 편이 좋습니다
休(やす)む 쉬다	休(やす)んだ方(ほう)がいいです 쉬는 편이 좋습니다	休(やす)まない方(ほう)がいいです 쉬지 않는 편이 좋습니다
切(き)る 자르다	切(き)った方(ほう)がいいです 자르는 편이 좋습니다	切(き)らない方(ほう)がいいです 자르지 않는 편이 좋습니다
言(い)う 말하다	言(い)った方(ほう)がいいです 말하는 편이 좋습니다	言(い)わない方(ほう)がいいです 말하지 않는 편이 좋습니다

단어 □ **お風呂(ふろ)に入(はい)る** 목욕하다 □ **何(なに)も** 아무것도 □ **夜更(よふ)かしする** 밤늦게까지 안 자다, 밤 새다

✦✦✦
문법+

1. 반말 표현을 익히자!

반말로 명령의 표현을 하고 싶다면 모두 「ください」만 빼면 돼요.

	정중	반말 (「ください」를 뺀 형태)
긍정	食(た)べてください 먹어 주세요, 드세요	食(た)べて 먹어
부정	食(た)べないでください 먹지 말아 주세요, 먹지 마세요	食(た)べないで 먹지 마

2. 꼭 알아 두세요! 쉬운 듯 틀리기 쉬운 「ない형」

있다	부정 (ない형)	부정과거 (なかった형)
ある (식물/사물)	**ない** 없다	**なかった** 없었다
いる (사람/동물)	**いない** 없다	**いなかった** 없었다

会話文 かいわぶん

회화문 익히기

MP3 088

◆ 감기로 고생하는 유나에게 전화를 건 히로가 여러 조언을 하고 있다.

ひろ　もしもし、ユナさん、風邪(かぜ)ですか。

ユナ　はい、ひどい風邪(かぜ)です。喉(のど)がとても痛(いた)いです。

ひろ　寒(さむ)いから外(そと)には出(で)かけないでくださいね。
薬(くすり)を買(か)って行(い)きますから少(すこ)し待(ま)っていてください。

ユナ　少(すこ)しだけお風呂(ふろ)に入(はい)ってもいいですかね。

ひろ　いえ、今日(きょう)はお風呂(ふろ)には入(はい)らない方(ほう)がいいですよ。
風邪(かぜ)の時(とき)はだめです。

ユナ　宿題(しゅくだい)がたくさんありますけど…、どうしよう。

ひろ　体調(たいちょう)が悪(わる)いから無理(むり)しないでください。
今(いま)は体(からだ)が一番(いちばん)です。

ユナ　分(わ)かりました。何(なに)もしない方(ほう)がいいですね。
じゃあ、今日(きょう)はとりあえず休(やす)みます。

단어　□ **風邪(かぜ)** 감기　□ **ひどい** 심하다　□ **喉(のど)** 목　□ **痛(いた)い** 아프다　□ **寒(さむ)い** 춥다　□ **外(そと)** 밖
□ **出(で)かける** 외출하다, 나가다　□ **薬(くすり)** 약　□ **買(か)って行(い)く** 사 가다　□ **少(すこ)しだけ** 조금만
□ **お風呂(ふろ)に入(はい)る** 목욕을 하다　□ **宿題(しゅくだい)** 숙제　□ **たくさん** 많이　□ **体調(たいちょう)** 몸 상태　□ **悪(わる)い** 나쁘다
□ **体(からだ)** 몸　□ **一番(いちばん)** 제일, 가장　□ **とりあえず** 일단

회화문 짚기

☑ 일본에서 부르는 '목'의 종류

• 首(くび) : 근육이나, 뼈, 피부 쪽의 '목'을 부를 때 • 喉(のど) : 인후, 목구멍 쪽의 '목'을 부를 때

☑ ない형 + でください

① 外(そと)には出(で)かけないでください。 밖에는 나가지 마세요.

↳ 出(で)かけ~~る~~ない + でください 외출하지 말아 주세요

② 無理(むり)しないでください。 무리하지 마세요.

↳ 無理(むり)~~する~~しない + でください 무리하지 말아 주세요

☑ ない형 + 方(ほう)がいいです

① お風呂(ふろ)には入(はい)らない方(ほう)がいいです。 목욕은 하지 않는 게 좋습니다.

↳ 入(はい)~~る~~らない + 方(ほう)がいいです (욕조에) 들어가지 않는 편이 좋습니다

② 何(なに)もしない方(ほう)がいいですね。 아무것도 하지 않는 게 좋겠네요.

↳ 何(なに)も~~する~~しない + 方(ほう)がいいです 아무것도 하지 않는 편이 좋습니다

☑ 「痛(いた)い」는 어느 부분이 아픈지 구체적으로 표현하기

본문에서는 「喉(のど)が痛(いた)い」라고 목 부위가 아픔을 구체적으로 표현한 것처럼 「痛(いた)い」를 사용할 때엔 구체적으로 어디가 아픈지 이야기해야 합니다. 우리나라에서 몸 상태가 안 좋아서 "나 좀 아파"라고 하는 상황을 그대로 직역해 「私(わたし)ちょっと痛(いた)い」라고 하면 위화감이 있는 문장이 됩니다(정확한 부위가 나오지 않았기 때문). 이때는 「体調(たいちょう)が悪(わる)い 몸 상태가 좋지 않다, 컨디션이 안 좋다」로 표현해 주세요! 단, 어딘가에 부딪혀서 "아파!"라고 표현하는 즉흥적인 상황에서는 「痛(いた)い」의 단독 사용이 가능합니다.

해석

ひろ 여보세요, 유나 씨 감기예요?

ユナ 네, 심한 감기예요. 목이 너무 아파요.

ひろ 추우니까 밖에는 나가지 마세요.
약을 사 가지고 갈 테니까 조금만 기다려 주세요.

ユナ 잠깐 온탕에 들어가도 되려나요?

ひろ 아뇨, 오늘은 목욕은 하지 않는 게 좋아요. 감기일 때는 안 돼요.

ユナ 숙제가 많이 있는데…, 어쩌지….

ひろ 몸 상태가 안 좋으니까 무리하지 마세요. 지금은 몸이 제일 중요해요.

ユナ 알겠습니다. 아무것도 하지 않는 게 좋겠네요. 그럼 오늘은 일단 쉴게요.

MP3 089

1 단어를 외워 봅시다.

1 감기 한자 : ________ 히라가나 : ________

2 몸 상태 ________ ________

3 약 ________ ________

4 목 ________ ________

5 무리 ________ ________

6 피우다 ________ ________

Hint! 風呂 無理 怒る 体調 喉 外 吸う 風邪 薬

2 문장을 만들어 봅시다.

1 추우니까 외출하지 마세요.
寒(さむ)いから ________ ________。

2 목욕은 하지 않는 편이 좋아요.
お風呂(ふろ)には ________ ________ ________。

3 담배는 피우지 마세요.
タバコは ________ ________。

4 큰 목소리로 말하지 마세요.
大(おお)きい声(こえ)で ________ ________。

5 일찍 일어나지 않는 편이 좋아요.
早(はや)く ________ ________ ________。

6 작은 일에는 화내지 않는 편이 좋아요.
小(ちい)さいことには ________________________________ 。

7 놀러 가지 않는 편이 좋아요.
遊(あそ)びに ________________________________ 。

3 말하고 써 봅시다.

〈～ないでください ～하지 마세요〉

예제

おいしくない 맛이 없다・食(た)べる 먹다

おいしくないから食(た)べないでください。맛이 없으니까 먹지 마세요.

1 つらい・そのことは言(い)う

________________ から ________________________

2 真剣(しんけん)だ・いたずらをする

________________ から ________________________

3 急(いそ)いでいる・邪魔(じゃま)する

________________ から ________________________

단어 □ 声(こえ) 목소리 □ 起(お)きる 일어나다 □ 怒(おこ)る 화내다 □ つらい 괴롭다, 고통스럽다 □ そのこと 그 일 □ 真剣(しんけん)だ 진지하다 □ いたずら 장난 □ いたずらをする 장난치다 □ 急(いそ)ぐ 서두르다 □ 邪魔(じゃま)する 방해하다

〈동사ない형 + 方(ほう)がいいです ~하지 않는 편이 좋아요〉

疲(つか)れている 지쳐 있다・お酒(さけ)をたくさん飲(の)む 술을 많이 마시다

疲(つか)れているからお酒(さけ)をたくさん飲(の)まない方(ほう)がいいです。

지쳐 있으니까 술을 많이 마시지 않는 편이 좋아요.

4 暑(あつ)い・上着(うわぎ)を着(き)る

__________ から __________

5 危(あぶ)ない・切(き)る

__________ から __________

6 足(た)りない・たくさん使(つか)う

__________ から __________

단어 □ **上着(うわぎ)** 겉옷 □ **着(き)る** 입다 □ **危(あぶ)ない** 위험하다 □ **切(き)る** 자르다 □ **足(た)りる** 족하다, 충분하다
□ **足(た)りない** 부족하다 □ **使(つか)う** 사용하다

4 들어 봅시다.

MP3 090

음성을 듣고 하지 말아 달라고 요청한 부분을 체크 하세요.

1
① ベッドで寝(ね)ること
② 大(おお)きい声(こえ)で話(はな)すこと
③ テレビを見(み)ること

2
① 今日(きょう)は教室(きょうしつ)に入(はい)らないこと
② 今(いま)、教室(きょうしつ)に入(はい)ること
③ 20分後(にじゅっぷんご)、教室(きょうしつ)に入(はい)ること

3
① 彼(かれ)と付(つ)き合(あ)うこと
② 彼(かれ)の噂(うわさ)をすること
③ 勉強(べんきょう)をすること

4
① お酒(さけ)を飲(の)むこと
② 今(いま)、タバコを吸(す)うこと
③ 彼女(かのじょ)の前(まえ)で吸(す)うこと

단어 □ **ボリューム** 볼륨 □ **～後(ご)** ～후 □ **付(つ)き合(あ)う** 사귀다 □ **噂(うわさ)** 소문 □ **時期(じき)** 시기

동사의 부정형 [ない형]과 [ません형]을 적어 보자.

기본형	ない형	뜻	ません형	뜻
① 会う				
② いる				
③ 作る				
④ する				
⑤ 帰る				
⑥ 来る				
⑦ 貸す				
⑧ 書く				
⑨ ある				
⑩ 座る				

20

使う時もありますが、頻繁には使いません。

사용할 때도 있습니다만, 빈번하게는 사용하지 않습니다.

문법 포인트

- い형용사와 な형용사의 부사형태 익히기
- 동사의 네 가지 활용 정리 (반말, 정중형)

학습 포인트

드디어 20과에 왔어요! 이번 과에서는 우리가 동사에 들어와서 배웠던 그동안의 문법들을 한 개의 표로 정리하는 시간을 가질 거예요. 일본어 학습에서 중요한 점은 '문법들의 연결고리'입니다.
순서 상관없이 놓여 있는 것이 아닌, 모두 관계성이 짙은 고리로 연결되어 있답니다.
아직 머릿속에 문법들이 정돈되어 있지 않다면 오늘의 학습을 통해 차곡차곡 문법들이 정리되는 시간이 되었으면 합니다. お疲れ様でした(수고하셨습니다)!

MP3 091

1 형용사의 부사형태 ~게, ~히

目(め)が悪(わる)くなりました。 눈이 나빠졌어요.

おいしく召(め)し上(あ)がってください。 맛있게 드세요.

簡単(かんたん)に提出(ていしゅつ)しました。 간단히 제출했습니다.

頻繁(ひんぱん)には使(つか)いません。 빈번하게는 사용하지 않아요.

〈각 형용사 별 부사형태 만드는 방법〉

	기본 (~다)	부사 (~게, ~히)
い형용사	おいしい 맛있다	おいし~~い~~ + く 맛있게
	悪(わる)い 나쁘다	悪(わる)~~い~~ + く 나쁘게
な형용사	きれいだ 예쁘다, 깨끗하다	きれい~~だ~~ + に 예쁘게, 깨끗이
	簡単(かんたん)だ 간단하다	簡単(かんたん)~~だ~~ + に 간단하게, 간단히

☑ [い형용사] 어미탈락 + く = 부사

☑ [な형용사] 어미탈락 + に = 부사

TIP 형용사의 변환 문법인데 왜 이제야 소개가 되었을까요?

지금 학습한 것과 같이 형용사는 부사가 될 수 있어요.

예 おいしい 맛있다 → おいしく 맛있게

그런데 문장 구조상 부사 다음에는 동사가 오기 마련인지라 동사를 어느 정도 배운 후에 소개를 하게 되었답니다.

예 おいしく 맛있게 + 食(た)べる 먹다 / 見(み)える 보이다 / 作(つく)る 만들다 / なる 되다 등

2 동사의 네 가지 활용

	반말	정중형
긍정현재	[사전형] ~하다	～ます ~합니다
부정현재	[ない형] ~하지 않다	～ません ~하지 않습니다
긍정과거	[た형] ~했다	～ました ~했습니다
부정과거	[なかった형] ~하지 않았다	～ませんでした ~하지 않았습니다

☑ 동사의 학습에 들어와서 배운 [ます형], [た형], [ない형]이 한 표에 정리됩니다.

☑ 회화의 순서는 우선 반말인지, 정중형인지 정한 후, 위의 활용표대로 내뱉는 연습을 해야 해요.

☑ 부정과거「なかった」가 된 이유?

부정과거는 동사가 부정형인 [ない형]을 거치면서 [い형용사]의 문법변환을 취합니다.

おいしい + かった 맛있지 않았다 / 食(た)べない + かった 먹지 않았다

↑[い형용사] 어미탈락+かった / ↑[동사ない형] 어미탈락+かった

「使(つか)う」의 반말/정중형의 네 가지 활용

	반말	정중형
긍정현재	使(つか)う 사용하다	使(つか)います 사용합니다
부정현재	使(つか)わない 사용하지 않다	使(つか)いません 사용하지 않습니다
긍정과거	使(つか)った 사용했다	使(つか)いました 사용했습니다
부정과거	使(つか)わなかった 사용하지 않았다	使(つか)いませんでした 사용하지 않았습니다

단어 □ 目(め) 눈 □ なる 되다 □ 召(め)し上(あ)がる 드시다 □ 提出(ていしゅつ) 제출 □ 頻繁(ひんぱん)だ 빈번하다 □ 使(つか)う 사용하다

20 사용할 때도 있습니다만, 빈번하게는 사용하지 않습니다.

「貸す」의 반말/정중형의 네 가지 활용

	반말	정중형
긍정현재	貸す 빌려주다	貸します 빌려줍니다
부정현재	貸さない 빌려주지 않다	貸しません 빌려주지 않습니다
긍정과거	貸した 빌려줬다	貸しました 빌려줬습니다
부정과거	貸さなかった 빌려주지 않았다	貸しませんでした 빌려주지 않았습니다

「働く」의 반말/정중형의 네 가지 활용

	반말	정중형
긍정현재	働く 일하다	働きます 일합니다
부정현재	働かない 일하지 않다	働きません 일하지 않습니다
긍정과거	働いた 일했다	働きました 일했습니다
부정과거	働かなかった 일하지 않았다	働きませんでした 일하지 않았습니다

「座る」의 반말/정중형의 네 가지 활용

	반말	정중형
긍정현재	座る 앉다	座ります 앉습니다
부정현재	座らない 앉지 않다	座りません 앉지 않습니다
긍정과거	座った 앉았다	座りました 앉았습니다
부정과거	座らなかった 앉지 않았다	座りませんでした 앉지 않았습니다

문법+

우리가 [동사] 파트에 들어와서 학습한 문법들을 정리하면 아래와 같아요.

❶ ます형

동사를 정중형으로 바꾸는 문법이죠. 현재형으로 가까운 미래까지 이야기해 준다는 점 잊지 마세요!

또한 [ます형]을 활용하여 다양한 문법에 접속할 수 있어요.

짚은 문법 : ~하러 가다 / ~하면서 / ~하고 싶다 / ~하기 편하다 / ~하기 불편하다 등

❷ て형

'[동사]를 연결한다' 하면 바로 [て형]을 떠올리세요!

밥 먹고 이 닦고 집을 나서서… 등

접속 방법은 1, 2, 3그룹별로 익혀 두세요.

짚은 문법 : ~하고 있다 / ~해 버리다 / ~해도 된다 / ~해서는 안 된다 / ~하고 나서 / ~해 두다 등

❸ た형

'동사를 과거로 바꾼다' 하면 바로 [た형]을 떠올리세요!

「~ました」는 정중한 과거였지만, [た형]은 반말의 과거와 함께 다양한 문법에 접속돼요.

짚은 문법 : 막 ~한 참이다 / 막 ~했다 / ~한 후에 / ~한 적이 있다 / ~하는 편이 좋다 등

❹ ない형

'동사를 부정으로 바꾼다' 하면 [ない형]을 떠올리세요!

「~ません」은 정중한 부정이었지만, [ない형]은 반말의 부정이에요.

짚은 문법 : ~하지 말아 주세요 / ~하지 않는 편이 좋다 등

会話文 かいわぶん

회화문 익히기

MP3 092

◆ 유나와 히로가 각각 학교와 업무에서 컴퓨터를 사용하는 빈도에 대해 이야기하고 있다.

ユナ　ひろさんは仕事でよくPCを使いますか。

ひろ　使う時もありますが、頻繁には使いません。

ユナ　前の仕事では使いましたか。

ひろ　ＩＴ企業でしたからPCを使ったいろんな作業をたくさんしました。それで、目が悪くなりました。
ユナさんは学校でPCを使わないですか。

ユナ　美術専攻ですから１、２年生の時はほとんど使いませんでしたね。

ひろ　じゃ、授業の申請はどうしましたか。

ユナ　それも紙に簡単に書いて提出したから、
全く使わなかったです。

단어 □ **PC** 컴퓨터　□ **使う** 사용하다　□ **頻繁だ** 빈번하다　□ **企業** 기업　□ **作業** 작업　□ **なる** 되다
□ **美術専攻** 미술전공　□ **～年生** ~학년　□ **ほとんど** 거의　□ **じゃ** 그럼　□ **申請** 신청　□ **紙** 종이
□ **簡単だ** 간단하다　□ **提出** 제출　□ **全く** 전혀

회화문 짚기

☑ [い형용사]의 부사 형태

悪(わる)くなりました。 나쁘게 되었습니다.

└ 悪(わる)い + く 나쁘게

☑ [な형용사]의 부사 형태

簡単(かんたん)に書(か)いて提出(ていしゅつ)した。 간단하게 써서 제출했다.

└ 簡単(かんたん)だ + に 간단히, 간단하게

☑ 동사의 반말 & 정중형의 네 가지 활용

	반말	정중형
긍정현재	使(つか)う時(とき)	PC(ピーシー)を使(つか)いますか。
부정현재	PC(ピーシー)を使(つか)わないですか。	頻繁(ひんぱん)には使(つか)いません。
긍정과거	PC(ピーシー)を使(つか)ったいろんな作業(さぎょう)	前(まえ)の会社(かいしゃ)では使(つか)いましたか。
부정과거	全(まった)く使(つか)わなかったです。	ほとんど使(つか)いませんでしたね。

이번 회화문은 동사의 활용과 그 쓰임에 대해 정확하게 짚고 넘어가고자 내용에 반말과 정중형의 네 가지 활용이 모두 들어가게 만들었어요. 문장을 잘 읽어 보며 우리가 그동안 배운 동사의 네 가지 활용에 대해 확실히 파악해 주세요!

해석

ユナ 히로 씨는 일할 때 자주 컴퓨터를 사용하나요?

ひろ 사용하는 때도 있는데 빈번하게는 사용하지 않아요.

ユナ 이전 업무에서는 사용했나요?

ひろ IT기업이었으니까 컴퓨터를 사용한 여러 가지 작업을 많이 했어요.
그래서 눈이 나빠졌어요.
유나 씨는 학교에서 컴퓨터를 사용 안 하나요?

ユナ 미술 전공이니까 1, 2학년일 때는 거의 사용하지 않았어요.

ひろ 그럼, 수업 신청은 어떻게 했어요?

ユナ 그것도 종이에 간단히 적어 제출했으니까, 전혀 사용하지 않았어요.

問題もんだい

문제로 확인하기

MP3 093

1 **단어를 외워 봅시다.**

1 빈번하다　한자 : ______　히라가나 : ______

2 미술　______　______

3 전공　______　______

4 작업　______　______

5 신청　______　______

6 제출　______　______

Hint! 頻繁だ　提出　企業　申請　作業　美術　専攻

2 **문장을 만들어 봅시다.**

1 맛있어졌어요.

______なりました。

2 짧게 자르는 게 좋아요.

______ ______ ______いいです。

3 바쁘게 일한 적이 있습니다.

______ ______ ______あります。

4 방을 깨끗이 청소했어요.

部屋(へや)を______掃除(そうじ)しました。

5 간단히 쓰고 돌아갑시다.

______ ______帰(かえ)りましょう。

6 크게 만들어서는 안 돼요.

______ ______いけません。

3 말하고 써 봅시다.

	반말	정중형
긍정현재	働(はたら)く 일하다	働(はたら)きます 일합니다
부정현재	働(はたら)かない 일하지 않다	働(はたら)きません 일하지 않습니다
긍정과거	働(はたら)いた 일했다	働(はたら)きました 일했습니다
부정과거	働(はたら)かなった 일하지 않았다	働(はたら)きませんでした 일하지 않았습니다

		반말	정중형
1	긍정현재	考(かんが)える 생각하다	
	부정현재		
	긍정과거		
	부정과거		

		반말	정중형
2	긍정현재	学(まな)ぶ 배우다	
	부정현재		
	긍정과거		
	부정과거		

		반말	정중형
3	긍정현재	走(はし)る 달리다	
	부정현재		
	긍정과거		
	부정과거		

20 사용할 때도 있습니다만, 빈번하게는 사용하지 않습니다.

新(あたら)しい楽器(がっき)を習(なら)う。 새로운 악기를 배우다.	
긍정 현재	① 정중형 : 新(あたら)しい楽器(がっき)を習(なら)います。 새로운 악기를 배웁니다. ② 반말 : 新(あたら)しい楽器(がっき)を習(なら)う。 새로운 악기를 배운다.

4	店員(てんいん)からペンを借(か)りる。	
	부정 현재	① 정중형 : ② 반말 :

5	大(おお)きい声(こえ)でゆっくり話(はな)す。	
	긍정 과거	① 정중형 : ② 반말 :

6	商品(しょうひん)を丁寧(ていねい)に渡(わた)す。	
	부정 과거	① 정중형 : ② 반말 :

단어 □ 新(あたら)しい 새롭다 □ 楽器(がっき) 악기 □ 習(なら)う 배우다(전문적인 것을 의지를 가지고 습득함) □ 店員(てんいん) 점원 □ 借(か)りる 빌리다 □ 声(こえ) 목소리 □ 商品(しょうひん) 상품 □ 丁寧(ていねい)に 정중하게 □ 渡(わた)す 건네다

4 들어 봅시다.

MP3 094

대화를 듣고 과거와 현재 각각 어떠했는지 상황을 적으세요.

1 과거 ____________________

현재 ____________________

2 과거 ____________________

현재 ____________________

3 과거 ____________________

현재 ____________________

4 과거 ____________________

현재 ____________________

단어 □ **アイドル** 아이돌 □ **グッズ** 굿즈, 상품 □ **暖(あたた)かい** 따뜻하다 □ **ジョギング** 조깅 □ **予定(よてい)** 예정
□ **～に住(す)む** ～에 살다 □ **甘(あま)い物(もの)** 단것 □ **辛(から)い物(もの)** 매운 것

20 사용할 때도 있습니다만, 빈번하게는 사용하지 않습니다.

✦✦✦
독해+

MP3 095

[ます형・て형・た형・ない형]이 들어간 장문 읽기

<コロッケの作り方>

今日はコロッケを作ります。

材料はじゃがいも、卵、小麦粉、そしてパン粉です。

まず、じゃがいもは茹でてからつぶしておきます。

茹でたじゃがいもを丸めて小麦粉をつけます。それから卵を溶きますが、

卵はしっかり溶いた方がいいです。

以前、卵をちゃんと溶かなくて失敗したことがあります。

卵をしっかり溶いた後で、じゃがいもに卵とパン粉をつけます。

そして、最後に油で揚げます。これで完成です。

材料を追加していろんなコロッケを作ることができます。

ちなみに私はチーズを入れて作るのが好きです。

そうだ！いっぱいは食べないでくださいね。揚げ物は太ってしまいますから！

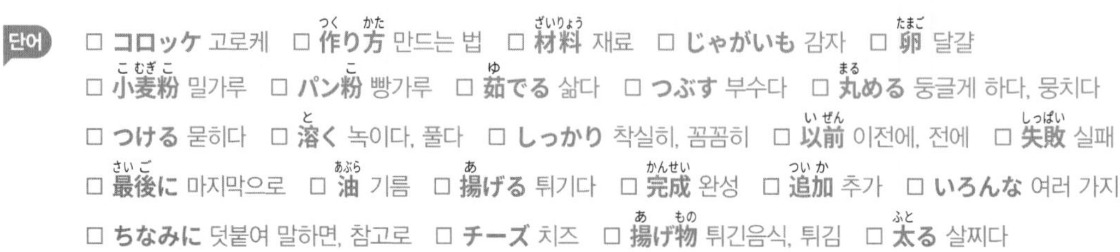

단어

□ **コロッケ** 고로케 □ **作り方** 만드는 법 □ **材料** 재료 □ **じゃがいも** 감자 □ **卵** 달걀
□ **小麦粉** 밀가루 □ **パン粉** 빵가루 □ **茹でる** 삶다 □ **つぶす** 부수다 □ **丸める** 둥글게 하다, 뭉치다
□ **つける** 묻히다 □ **溶く** 녹이다, 풀다 □ **しっかり** 착실히, 꼼꼼히 □ **以前** 이전에, 전에 □ **失敗** 실패
□ **最後に** 마지막으로 □ **油** 기름 □ **揚げる** 튀기다 □ **完成** 완성 □ **追加** 추가 □ **いろんな** 여러 가지
□ **ちなみに** 덧붙여 말하면, 참고로 □ **チーズ** 치즈 □ **揚げ物** 튀긴음식, 튀김 □ **太る** 살찌다

정답

&

스크립트

정답 & 스크립트

01

문제로 확인하기 **p.044**

1. ① 会社員 / かいしゃいん

② 先生 / せんせい

③ 仕事 / しごと

④ 大学生 / だいがくせい

2. ① です

② ではありません / ではないです / じゃありません / じゃないです

③ はじめまして

④ お仕事(しごと)

⑤ 日本人(にほんじん)

⑥ よろしくお願(ねが)いします

3. ① A：田中(たなか)さんは会社員(かいしゃいん)ですか。 다나카 씨는 회사원입니까?

B：① いいえ、田中(たなか)さんは会社員(かいしゃいん)ではありません。銀行員(ぎんこういん)です。

② いいえ、田中(たなか)さんは会社員(かいしゃいん)ではないです。銀行員(ぎんこういん)です。

③ いいえ、田中(たなか)さんは会社員(かいしゃいん)じゃありません。銀行員(ぎんこういん)です。

④ いいえ、田中(たなか)さんは会社員(かいしゃいん)じゃないです。銀行員(ぎんこういん)です。

아니요, 다나카 씨는 회사원이 아닙니다. 은행원입니다.

② A：イさんは医者(いしゃ)ですか。 이 씨는 의사입니까?

B：① いいえ、イさんは医者(いしゃ)ではありません。看護師(かんごし)です。

② いいえ、イさんは医者(いしゃ)ではないです。看護師(かんごし)です。

③ いいえ、イさんは医者(いしゃ)じゃありません。看護師(かんごし)です。

④ いいえ、イさんは医者(いしゃ)じゃないです。看護師(かんごし)です。

아니요, 이 씨는 의사가 아닙니다. 간호사입니다.

③ A：中村(なかむら)さんは中国人(ちゅうごくじん)ですか。 나카무라 씨는 중국인입니까?

B：① いいえ、中村(なかむら)さんは中国人(ちゅうごくじん)ではありません。日本人(にほんじん)です。

② いいえ、中村(なかむら)さんは中国人(ちゅうごくじん)ではないです。日本人(にほんじん)です。

③ いいえ、中村(なかむら)さんは中国人(ちゅうごくじん)じゃありません。日本人(にほんじん)です。

④ いいえ、中村(なかむら)さんは中国人(ちゅうごくじん)じゃないです。日本人(にほんじん)です。

아니요, 나카무라 씨는 중국인이 아닙니다. 일본인입니다.

4. 1 ② 2 ③ 3 ⑥ 4 ⑤

스크립트

1 A：李さんは先生ですか。이 씨는 선생님입니까?
B：はい、私は先生です。네, 저는 선생님입니다.

2 A：鈴木さんは銀行員ですか。스즈키 씨는 은행원입니까?
B：いいえ、私は銀行員じゃないです。医者です。아니요, 저는 은행원이 아닙니다. 의사입니다.

3 A：あなたはタイ人ですか。당신은 태국인입니까?
B：いいえ、私はタイ人じゃありません。中国人です。아니요, 저는 태국인이 아닙니다. 중국인입니다.

4 A：あなたは会社員ですか。당신은 회사원입니까?
B：いいえ、会社員じゃありません。銀行員です。아니요, 회사원이 아닙니다. 은행원입니다.

02

문제로 확인하기 p.058

1. 1 帽子 / ぼうし
2 椅子 / いす
3 辞書 / じしょ
4 時計 / とけい
5 財布 / さいふ

2. 1 これは / 財布です
2 あれは / 何ですか
3 ではありません / ではないです / じゃありません / じゃないです
4 それは / 私のテーブルです
5 あれは / の
6 の / じゃありません(ではありません/ではないです/じゃないです)
7 これ / で / あれ

3. 1 A：キムさん、あれは本ですか。김 씨, 저것은 책입니까?

B：① いいえ、本ではありません。日本語の辞書です。

② いいえ、本ではないです。日本語の辞書です。

③ いいえ、本じゃありません。日本語の辞書です。

④ いいえ、本じゃないです。日本語の辞書です。

아니요, 책이 아닙니다. 일본어 사전입니다.

2 A：パクさん、これはコーヒーですか。박 씨, 이것은 커피입니까?

B：① いいえ、コーヒーではありません。お酒です。

② いいえ、コーヒーではないです。お酒です。

③ いいえ、コーヒーじゃありません。お酒です。

④ いいえ、コーヒーじゃないです。お酒です。

아니요, 커피가 아닙니다. 술입니다.

3 A：あれはイさんの車ですか。저것은 이 씨의 차입니까?

B：いいえ、イさんの車じゃありません。パクさんのです。

아니요, 이 씨의 차가 아닙니다. 박 씨의 것입니다.

4 A：それはあなたの時計ですか。그것은 당신의 시계입니까?

B：いいえ、私の時計じゃありません。子供の時計です。

아니요, 나의 시계가 아닙니다. 아이의 시계입니다.

5 A：あれは田中さんのテーブルですか。저것은 다나카 씨의 테이블입니까?

B：いいえ、田中さんのテーブルじゃありません。加藤さんのです。

아니요, 다나카 씨의 테이블이 아닙니다. 가토 씨의 것입니다.

4. 1 ③　2 ②　3 ⑤　4 ④

스크립트

1 A：これはキムさんのですか。이것은 김 씨의 것입니까?

B：いいえ、これは朴さんの傘です。아니요, 이것은 박 씨의 우산입니다.

2 A：それは田中さんの時計ですか。그것은 다나카 씨의 시계입니까?

B：いいえ、これは田中さんの時計じゃありません。鈴木さんのです。

아니요, 이것은 다나카 씨의 시계가 아닙니다. 스즈키 씨의 것입니다.

3 A：このスマホは誰(だれ)のですか。이 스마트폰은 누구의 것입니까?

B：これは菊池(きくち)さんの友達(ともだち)のです。이것은 기쿠치 씨 친구의 것입니다.

4 A：あれは誰(だれ)の本(ほん)ですか。저것은 누구의 책입니까?

B：あれは本(ほん)じゃないです。辞書(じしょ)です。あれはキムさんのです。

저것은 책이 아닙니다. 사전입니다. 저것은 김 씨의 것입니다.

03

문제로 확인하기

p.070

1. 1 授業 / じゅぎょう

2 午前 / ごぜん

3 何時 / なんじ

4 昨夜 / ゆうべ、さくや

5 先月 / せんげつ

2. 1 から / まで

2 授業(じゅぎょう) / 午前(ごぜん) / から

3 お仕事(しごと) / 何時(なんじ) / 何時(なんじ)

4 午前(ごぜん)９時(くじ) / 午後(ごご)６時(ろくじ)

5 から / 会社(かいしゃ) / ３０分(さんじゅっぷん)

3. 1 じゅういちじ さんじゅうろっぷんです。11시 36분입니다.

2 しちじ さんじゅっぷんです。7시 30분입니다.

しちじ はんです。7시 반입니다.

3 くじ よんじゅうななふんです。9시 47분입니다.

4 ごぜんじゅういちじ じゅっぷんから ごごいちじ さんじゅっぷんまでです。
오전 11시 10분부터 오후 1시 30분까지입니다.

ごぜんじゅういちじ じゅっぷんから ごごいちじ はんまでです。
오전 11시 10분부터 오후 1시 반까지입니다.

5 ごぜんよじから ろくじ よんじゅうごふんまでです。
오전 4시부터 6시 45분까지입니다.

6 ごぜんくじさんじゅうななふんから ごごしちじ ごじゅうよんぷんまでです。
오전 9시 37분부터 오후 7시 54분까지입니다.

4.

예문 해석

안녕하세요. 김유나입니다. 저는 대학생입니다.

집에서 학교까지는 버스로 약 20분입니다. 저기가 저의 학교입니다.

오늘 수업은 오전 11시 30분부터 오후 4시 20분까지입니다.

어제 수업은 오전 9시부터 오후 2시까지였습니다.

그런데 여러분의 오늘 수업은 몇 시부터 몇 시까지입니까?

5. 1 お昼休み / 午前１１時半～午後１２時半
2 授業 / 午前９時半～午後１時４５分
3 銀行 / 午前８時５０分～午後４時２０分
4 スーパー / ２４時間

스크립트

1 A：お昼休みは何時から何時までですか。점심 시간은 몇 시부터 몇 시까지입니까?
B：お昼休みは午前１１時半から午後１２時半までです。
점심 시간은 오전 11시 반부터 오후 12시 반까지입니다.

2 A：授業は何時から何時までですか。수업은 몇 시부터 몇 시까지입니까?
B：授業は午前９時半から午後１時４５分までです。
수업은 오전 9시 반부터 오후 1시 45분까지입니다.

3 A：銀行は何時から何時までですか。은행은 몇 시부터 몇 시까지입니까?
B：銀行は午前８時５０分から午後４時２０分までです。
은행은 오전 8시 50분부터 오후 4시 20분까지입니다.

4 A：スーパーは何時から何時までですか。슈퍼는 몇 시부터 몇 시까지입니까?
B：スーパーは２４時間です。슈퍼는 24시간입니다.

04

문제로 확인하기 **p.082**

1. 1 忙しい / いそがしい

2 難しい / むずかしい

3 寒い / さむい

4 古い / ふるい

5 少ない / すくない

6 安い / やすい

2. 1 安い

2 ありません / ないです

3 寒い(です) / おもしろい

4 古い / が(けど)

5 会社 / 近い / か

6 遠くありません / 遠くないです

3. 1 A : 時計は古いですか。 시계는 낡았습니까?

B : ① はい、とても古いです。 네, 매우 낡았습니다.

② いいえ、あまり古くありません。新しいです。 아니요, 별로 낡지 않았습니다. 새 것입니다.

③ いいえ、あまり古くないです。新しいです。

2 A : 学生は多いですか。 학생은 많습니까?

B : ① はい、とても多いです。 네, 매우 많습니다.

② いいえ、あまり多くありません。少ないです。 아니요, 별로 많지 않습니다. 적습니다.

③ いいえ、あまり多くないです。少ないです。

3 A : このパソコンはいいですか。 이 컴퓨터는 좋습니까?

B : ① はい、とてもいいです。 네, 매우 좋습니다.

② いいえ、あまりよくありません。悪いです。 아니요, 별로 좋지 않습니다. 나쁩니다.

③ いいえ、あまりよくないです。悪いです。

4 A : 今日の天気はどうですか。 오늘 날씨는 어떻습니까?

B : 今日の天気は暑いですが、いいです。 오늘 날씨는 덥습니다만, 좋습니다.

今日の天気は暑いけど、いいです。 오늘 날씨는 덥지만, 좋습니다.

5 A : キムさんのお仕事はどうですか。김 씨의 일은 어떻습니까?

B : キムさんのお仕事は忙しいですが、おもしろいです。김 씨의 일은 바쁩니다만, 재미있습니다.

キムさんのお仕事は忙しいけど、おもしろいです。김 씨의 일은 바쁘지만, 재미있습니다.

6 A : この市場はどうですか。이 시장은 어떻습니까?

B : この市場は人が多いですが、ものがよくないです。
이 시장은 사람이 많습니다만, 물건이 좋지 않습니다.
この市場は人が多いけど、ものがよくないです。
이 시장은 사람이 많지만, 물건이 좋지 않습니다.

4. 1 X　2 O　3 O　4 X

스크립트

1 A : 鈴木さん、このかばんはどうですか。스즈키 씨, 이 가방은 어떻습니까?

B : あまり高くありません。安いです。그다지 비싸지 않습니다. 쌉니다.

2 A : あの車はどうですか。저 차는 어떻습니까?

B : とても速いですね。매우 빠르네요.

3 A : あの人はどうですか。저 사람은 어떻습니까?

B : とても背が高いです。매우 키가 큽니다.

4 A : このコーヒーはどうですか。이 커피는 어떻습니까?

B : 熱くありません。冷たいです。뜨겁지 않습니다. 차갑습니다.

05

문제로 확인하기 p.094

1. 1 映画 / えいが

2 近い / ちかい

3 強い / つよい

4 暗い / くらい

5 重い / おもい

6 遠い / とおい

2. 1 おいしい / すし

2 重いから / 暗い

3 背が高い / どうですか

4 背が高い / から / よく

5 暗かったです

6 強くて / よかったです

3. 1 料理が辛いからおいしくないです。음식이 매워서 맛있지 않습니다.

2 体重が重いからよくないです。체중이 무거워서 좋지 않습니다.

3 家賃が高いから地下鉄駅から遠くないです。집세가 비싸서 지하철역에서 멀지 않습니다.

4 A：あの時計はどうでしたか。저 시계는 어땠습니까?

B：古くて遅かったです。낡고 늦었습니다.

5 A：その学生はどうでしたか。저 학생은 어땠습니까?

B：頭がよくて明るかったです。머리가 좋고 밝았습니다.

6 A：昨日の天気はどうでしたか。어제 날씨는 어땠습니까?

B：気温が高くて暑かったです。기온이 높고 더웠습니다.

4. 1 ② 2 ③ 3 ① 4 ④

스크립트

1 これは高くて黒いかばんです。이것은 비싸고 검은 가방입니다.

2 それは大きくて汚いかばんです。그것은 크고 더러운 가방입니다.

3 あれは青くて新しいかばんです。저것은 파랗고 새 가방입니다.

4 それは安くて小さいかばんです。그것은 저렴하고 작은 가방입니다.

문제+ p.097

1. ① 学校は遠い。

② 学校は遠いです。

③ 遠い学校。

④ 学校は遠くない。

⑤ 学校は遠くないです(= 遠くありません)。

⑥ 学校は遠くて狭いです。

⑦ 学校は遠かった。

⑧ 学校は遠かったです。

⑨ 学校は遠くなかった。

⑩ 学校は遠くなかったです(= 遠くありませんでした)。

2. ① 높다, 비싸다 ⇔ 低い 낮다・安い 싸다

② 밝다 ⇔ 暗い 어둡다

③ 새롭다 ⇔ 古い 낡았다

④ 가깝다 ⇔ 遠い 멀다

⑤ 크다 ⇔ 小さい 작다

⑥ 넓다 ⇔ 狭い 좁다

⑦ 무겁다 ⇔ 軽い 가볍다

⑧ 좋다 ⇔ 悪い 나쁘다

문제로 확인하기

p.106

1. 1 嫌いだ / きらいだ

2 下手だ / へただ

3 親切だ / しんせつだ

4 簡単だ / かんたんだ

5 真面目だ / まじめだ

2. 1 静か

2 が / 上手

3 きれいですか

4 ① が / ではありません　② が / ではないです

③ が / じゃありません　④ が / じゃないです

5 が(= けど)

6 大変だ(= 大変です) / 好きです

3. 1 A：田中(たなか)さんの子供(こども)は元気(げんき)ですか。다나카 씨의 아이는 활발합니까?

B：① はい、とても元気(げんき)です。네, 매우 활발합니다.

② いいえ、あまり元気(げんき)じゃありません。아니요, 별로 활발하지 않습니다.

2 A：ピアノが上手(じょうず)ですか。피아노를 잘 칩니까?

B：① はい、とても上手(じょうず)です。네, 매우 잘 칩니다.

② いいえ、あまり上手(じょうず)じゃありません。아니요, 별로 잘 치지 않습니다.

3 A：皿洗(さらあら)いは大変(たいへん)ですか。설거지는 힘듭니까?

B：① はい、とても大変(たいへん)です。네, 매우 힘듭니다.

② いいえ、あまり大変(たいへん)じゃありません。아니요, 별로 힘들지 않습니다.

4 A：鈴木(すずき)さんはどうですか。스즈키 씨는 어떻습니까?

B：① 真面目(まじめ)ですが、ハンサムじゃないです。성실합니다만, 잘생기지 않았습니다.

② 真面目(まじめ)だけど、ハンサムじゃないです。성실하지만, 잘생기지 않았습니다.

5 A：今回(こんかい)のレポートはどうですか。이번 리포트는 어떻습니까?

B：① 簡単(かんたん)ですが、大変(たいへん)です。간단합니다만, 힘듭니다.

② 簡単(かんたん)だけど、大変(たいへん)です。간단하지만, 힘듭니다.

6 A：この靴(くつ)はどうですか。이 구두는 어떻습니까?

B：① 好(す)きですが、不便(ふべん)です。좋아합니다만, 불편합니다.

② 好(す)きだけど、不便(ふべん)です。좋아하지만, 불편합니다.

4. 1 O　2 O　3 O　4 O　5 X

스크립트

1 A：公園(こうえん)はきれいですか。공원은 깨끗합니까?

B：いいえ、きれいじゃありません。汚(きたな)いです。아니요, 깨끗하지 않습니다. 지저분합니다.

2 A：ここは静(しず)かですか。여기는 조용합니까?

B：いいえ、静(しず)かじゃありません。とても賑(にぎ)やかです。
아니요, 조용하지 않습니다. 매우 북적입니다.

3 A：このケータイは不便(ふべん)ですか。이 핸드폰은 불편합니까?

B：いいえ、新(あたら)しくてとても便利(べんり)です。아니요, 새롭고 매우 편리합니다.

4 A：この料理はどうですか。이 요리는 어떻습니까?

B：とてもおいしくて好きです。매우 맛있어서 좋아합니다.

5 A：あの地下鉄はどうですか。이 지하철은 어떻습니까?

B：遅くて便利じゃありません。느려서 편리하지 않습니다.

07

문제로 확인하기 **p.118**

1. 1 賑やかだ / にぎやかだ

2 静かだ / しずかだ

3 便利だ / べんりだ

4 立派だ / りっぱだ

4 苦手だ / にがてだ

2. 1 親切 / 真面目

2 賑やかな / が

3 だから(= ですから)

4 でした

4 暇な

5 で / だから(= ですから)

3. 1 親切な先生で好きです。친절한 선생님이고(라서) 좋습니다.

2 新鮮なお寿司で人気です。신선한 초밥이고(라서) 인기가 있습니다.

3 簡単なレシピで有名です。간단한 레시피이고(라서) 유명합니다.

4 ① あの建物は立派だから有名だった。저 건물은 훌륭해서 유명했다.

② あの建物は立派だから有名でした。저 건물은 훌륭해서 유명했습니다.

5 ① ピアノが下手だから嫌いだった。피아노를 잘 치지 못해서 싫었다.

② ピアノが下手だから嫌いでした。피아노를 잘 치지 못해서 싫었습니다.

6 ① そのベッドは楽だから好きだった。 그 침대는 편해서 좋아했다.

② そのベッドは楽だから好きでした。그 침대는 편해서 좋아했습니다.

4. 한국에서의 여행은 매우 즐겁습니다.
한국 본고장의 요리가 매우 맛있기 때문입니다.
학생인 나에게는 조금 비쌉니다만, 야키니쿠(구운 고기)를 가장 좋아합니다.
그리고 유명한 관광 스폿도 많아 2박 3일은 모자랄 정도입니다.
이전에 서울 여행도 즐겁고 행복했습니다.
길이 깨끗하고 의외로 일본어를 잘하는 사람도 많았습니다.
모두 친절했기 때문에 매우 좋았습니다.
다음 해외여행도 한국이 좋겠습니다.

6. 1 上手(じょうず)です 잘 칩니다 / 下手(へた)でした 잘 못쳤습니다
2 新鮮(しんせん)じゃありません 신선하지 않습니다 / 新鮮(しんせん)でした 신선했습니다
3 複雑(ふくざつ)な問題(もんだい)が多(おお)かったです 복잡한 문제가 많았습니다 / 簡単(かんたん)でした 간단했습니다
4 日本(にほん)が好(す)きです 일본이 좋습니다 / みんな親切(しんせつ)で町(まち)がきれいでした 모두 친절하고 마을이 깨끗했습니다

스크립트

1 A：鈴木(すずき)さんはピアノが上手(じょうず)ですか。스즈키 씨는 피아노를 잘 칩니까?
B：前(まえ)は下手(へた)でしたが、今(いま)はとても上手(じょうず)です。전에는 잘 못쳤습니다만, 지금은 매우 잘 칩니다.

2 A：その料理(りょうり)はどうですか。그 요리는 어떻습니까?
B：昨日(きのう)までは新鮮(しんせん)でしたが、今(いま)は新鮮(しんせん)じゃありません。
어제까지는 신선했습니다만, 지금은 신선하지 않습니다.

3 A：学校(がっこう)のテストはどうですか。학교 시험은 어떻습니까?
B：去年(きょねん)のテストは簡単(かんたん)でしたが、今年(ことし)は複雑(ふくざつ)な問題(もんだい)が多(おお)かったです。
작년 시험은 간단했습니다만, 올해는 복잡한 문제가 많았습니다.

4 A：日本旅行(にほんりょこう)はどうでしたか。일본 여행은 어땠습니까?
B：みんな親切(しんせつ)で町(まち)がとてもきれいでしたから、とても日本(にほん)が好(す)きです。
모두 친절하고 마을이 매우 깨끗했기 때문에 매우 일본이 좋습니다.

문제+ p.123

1. ① 交通(こうつう)が便利(べんり)だ。
② 交通(こうつう)が便利(べんり)です。
③ 便利(べんり)な交通(こうつう)

④ 交通が便利じゃない。/ 交通が便利ではない。

⑤ 交通が便利じゃないです。/ 交通が便利じゃありません。/
交通が便利ではないです。/ 交通が便利ではありません。

⑥ 交通が便利でいいです。

⑦ 交通が便利だった。

⑧ 交通が便利でした。

⑨ 交通が便利じゃなかった。/ 交通が便利ではなかった。

⑩ 交通が便利じゃなかったです。/ 交通が便利じゃありませんでした。/
交通が便利ではなかったです。/ 交通が便利ではありませんでした。

2. ① 좋아하다 ⇔ 嫌いだ 싫어하다

② 편리하다 ⇔ 不便だ 불편하다

③ 잘하다 ⇔ 下手だ 못하다

④ 화려하다 ⇔ 地味だ 수수하다

08

문제로 확인하기 p.134

1. 1 お客様 / おきゃくさま

2 流行り / はやり

3 人気 / にんき

4 商品 / しょうひん

5 全部 / ぜんぶ

6 お会計 / おかいけい

2. 1 Tシャツ / いくらですか

2 二つ

3 一つ / ずつ

4 ろくせんきゅうひゃく

5 いちまんはっぴゃく

6 どちらも

3. 1 A：このりんごはいくらですか。이 사과는 얼마인가요?

B：一(ひと)つ、にひゃくじゅう円(えん)です。한 개 210엔입니다.

A：じゃ、六(むっ)つください。그럼, 여섯 개 주세요.

B：全部(ぜんぶ)で、せんにひゃくろくじゅうえんです。전부 해서 1,260엔입니다.

2 A：このチョコレートはいくらですか。이 초콜릿은 얼마인가요?

B：一(ひと)つ、きゅうじゅう円(えん)です。한 개 90엔입니다.

A：じゃ、三(みっ)つください。그럼, 세 개 주세요.

B：全部(ぜんぶ)で、にひゃくななじゅう円(えん)です。전부 해서 270엔입니다.

3 A：このボールはいくらですか。이 공은 얼마인가요?

B：一(ひと)つ、きゅうひゃくさんじゅう円(えん)です。한 개 930엔입니다.

A：じゃ、五(いつ)つください。그럼, 다섯 개 주세요.

B：全部(ぜんぶ)で、よんせんろっぴゃくごじゅう円(えん)です。4,650엔입니다.

4. 1 三(みっ)つ / 1,026円(せんにじゅうろくえん)

2 二(ふた)つ / 864円(はっぴゃくろくじゅうよえん)

3 五(いつ)つ / 8,649円(はっせんろっぴゃくよんじゅうきゅうえん)

4 一(ひと)つ / 16,927円(いちまんろくせんきゅうひゃくにじゅうななえん)

스크립트

1 A：いらっしゃいませ。어서 오세요.

B：このケーキを三(みっ)つください。이 케이크를 세 개 주세요.

A：お客様(きゃくさま)のお会計(かいけい)1,026円(せんにじゅうろくえん)でございます。손님, 금액은 1,026엔입니다.

2 A：いらっしゃいませ。어서 오세요.

B：アイスコーヒーを二(ふた)つください。아이스커피를 두 개 주세요.

A：お客様(きゃくさま)のお会計(かいけい)８６４円(はっぴゃくろくじゅうよえん)でございます。손님, 금액은 864엔입니다.

3 A：いらっしゃいませ。어서 오세요.

B：日本語(にほんご)の辞書(じしょ)を五(いつ)つください。일본어 사전을 다섯 개 주세요.

A：お客様(きゃくさま)のお会計(かいけい)８,６４９円(はっせんろっぴゃくよんじゅうきゅうえん)でございます。손님, 금액은 8,649엔입니다.

4 A：いらっしゃいませ。어서 오세요.

B：このかばんを一(ひと)つください。이 가방을 하나 주세요.

A：お客様(きゃくさま)のお会計(かいけい)１６,９２７円(いちまんろくせんきゅうひゃくにじゅうななえん)でございます。손님, 금액은 16,927엔입니다.

회화+

p.137

1. 점심 시간은 몇 시부터 몇 시까지입니까?
   昼休みは１２時から１時までです。 점심 시간은 12시부터 1시까지입니다.
2. 영어 강의는 무슨 요일, 몇 시부터입니까?
   英語の講義は月曜日の１時半からです。 영어 강의는 월요일, 1시 반부터입니다.
3. 동아리 활동은 무슨 요일, 몇 시부터입니까?
   サークル活動は金曜日の３時からです。 동아리 활동은 금요일, 3시부터입니다.
4. 일본어 회화는 며칠, 몇 시부터 몇 시까지입니까?
   日本語会話は２７日の１０時から１１時３０分までです。
   일본어 회화는 27일, 10시부터 11시 30분까지입니다.
5. 일본 문학은 며칠, 몇 시부터입니까?
   日本文学は２５日の１４時からです。 일본 문학은 25일, 14시부터입니다.

09

문제로 확인하기

p.146

1. 1 飲み物 / のみもの
2 乗り物 / のりもの
3 紅茶 / こうちゃ
4 値段 / ねだん
5 山登り / やまのぼり

2. 1 コーヒー / 紅茶 / 好き
2 より / 方 / 上手
3 の / 中 / 一番
4 が / 一番 / 好きです
5 より / の / 方 / 値段

3. 1 A : 地下鉄とタクシー(と)、どちらが便利ですか。 지하철과 택시, 어느 쪽이 편리합니까?
B : 地下鉄よりタクシーの方が便利です。 지하철보다 택시 쪽이 편리합니다.

2 A：海と山(と)、どちらが好きですか。바다와 산, 어느 쪽을 좋아합니까?

B：海より山の方が好きです。바다보다 산 쪽을 좋아합니다.

3 A：大阪と東京(と)、どちらが賑やかですか。오사카와 도쿄, 어느 쪽이 번화합니까?

B：大阪より東京の方が賑やかです。오사카보다 도쿄 쪽이 번화합니다.

4 A：飲み物の中で何が一番おいしいですか。음료 중에서 무엇이 가장 맛있습니까?

B：ラテが一番おいしいです。라떼가 가장 맛있습니다.

5 A：交通手段の中で何が一番速いですか。교통수단 중에서 무엇이 가장 빠릅니까?

B：飛行機が一番速いです。비행기가 가장 빠릅니다.

6 A：社員の中で誰が一番真面目ですか。사원 중에서 누가 가장 성실합니까?

B：田中さんが一番真面目です。다나카 씨가 가장 성실합니다.

4. 1 ③ 2 ① 3 ③

스크립트

1 A：飲み物の中で何が一番好きですか。음료 중에서 무엇을 가장 좋아합니까?

B：コーラも好きですが、コーヒーが一番好きです。콜라도 좋아합니다만, 커피를 가장 좋아합니다.

2 A：国の中でどこが一番人口が多いですか。나라 중에서 어디가 가장 인구가 많습니까?

B：中国が一番多いです。중국이 가장 많습니다.

3 A：季節の中でいつが一番嫌いですか。계절 중에서 언제를 가장 싫어합니까?

B：私は寒いのが嫌だから、冬が一番嫌いです。나는 추운 것을 싫어하기 때문에 겨울이 가장 싫습니다.

10

문제로 확인하기

p.158

1. 1 平日 / へいじつ

2 普段 / ふだん

3 美容室 / びようしつ

4 髪型 / かみがた

5 お昼 / おひる

6 友達 / ともだち

2. 1 1그룹 / いく / いきます

2 1그룹 / しぬ / しにます

3 1그룹 / はいる / はいります

4 3그룹 / くる / きます

5 2그룹 / ねる / ねます

6 1그룹 / はなす / はなします

3. 1 ます형 : ① 友達が走ります。 ② 友達と走ります。

해석 : ① 친구가 달립니다. ② 친구와 달립니다.

2 ます형 : ① 日本語を話します。 ② 日本語で話します。

해석 : ① 일본어를 이야기합니다. ② 일본어로 이야기합니다.

3 ます형 : ① 京都まで行きます。 ② 京都に行きます。

해석 : ① 교토까지 갑니다. ② 교토에 갑니다.

4 ます형 : ① 食事をなおします。 ② 食事でなおします。

해석 : ① 식사를 고칩니다. ② 식사로 고칩니다.

5 ます형 : ① 地下鉄に乗ります。 ② 地下鉄も乗ります。

해석 : ① 지하철을 탑니다. ② 지하철도 탑니다.

4. 1－③ 2－⑥ 3－① 4－④ 5－⑤ 6－②

스크립트

1 地下鉄に乗ります。 지하철을 탑니다.

2 傘を買います。 우산을 삽니다.

3 海で泳ぎます。 바다에서 헤엄칩니다.

4 えんぴつで書きます。 연필로 씁니다.

5 朝6時に起きます。 아침 6시에 일어납니다.

6 友達に会います。 친구를 만납니다.

11

문제로 확인하기 p.170

1. 1 読む / よむ

2 一生懸命 / いっしょうけんめい

3 肌 / はだ

4 最近 / さいきん

5 機会 / きかい

6 急ぐ / いそぐ

2. 1 一生懸命 / しました

2 最近 / 化粧しません

3 ちゃんと / しませんでした

4 買いに / 行きます

5 行きませんか

6 おすすめします

7 行きましょう

3. 1 A : 明日、先生に会いに行きませんか。내일 선생님을 만나러 가지 않겠습니까?

B : ① はい、行きましょう。네, 갑시다.

② すみません、明日は(ちょっと…/用事があります/忙しいです)。
죄송해요, 내일은 (좀…/일이 있어요/바빠요).

2 A : 明日、キムさんのプレゼントを買いに行きませんか。내일 김 씨 선물을 사러 가지 않겠습니까?

B : ① はい、行きましょう。 네, 갑시다.

② すみません、明日は(ちょっと…/用事があります/忙しいです)。
죄송해요, 내일은 (좀…/일이 있어요/바빠요).

3 A : 明日、音楽を聞きに行きませんか。내일, 음악을 들으러 가지 않겠습니까?

B : ① はい、行きましょう。네, 갑시다.

② すみません、明日は(ちょっと…/用事があります/忙しいです)。
죄송해요, 내일은 (좀…/일이 있어요/바빠요).

4 A : 明日、グラウンドを走りに行きませんか。내일, 운동장을 달리러 가지 않겠습니까?

B : ① はい、行きましょう。 네, 갑시다.

② すみません、明日は(ちょっと…/用事があります/忙しいです)。
죄송해요, 내일은 (좀…/일이 있어요/바빠요).

4. 1 현재 : 今はよく行きます。지금은 자주 갑니다.

과거 : アトラクションに乗りませんでした。어트랙션을 타지 않았습니다.

2 현재 : 連絡を待ちます。연락을 기다립니다.

과거 : 彼氏によく電話をかけました。그에게 자주 전화를 걸었습니다.

3 현재 : 早く寝ます。빨리 잡니다.

과거 : 遅く寝ました。늦게 잤습니다.

4 현재 : タクシーも地下鉄も乗ります。택시도 전철도 탑니다.

과거 : タクシーに乗りませんでした。택시를 타지 않았습니다.

5 현재 : ご飯だけ食べます。밥만 먹습니다.

과거 : 会社のみんなとよくお酒を飲みに行きました。회사 사람들과 자주 술을 마시러 갔었습니다.

스크립트

1 前は怖くてアトラクションに乗りませんでしたが、今は好きだからよく行きます。
전에는 무서워서 어트랙션에 타지 않았습니다만, 지금은 좋아해서 자주 갑니다.

2 前は彼氏によく電話をかけましたが、今は連絡を待ちます。
전에는 그에게 자주 전화를 걸었습니다만, 지금을 연락을 기다립니다.

3 学生の時は遅く寝ましたが、最近は朝から仕事だから早く寝ます。
학생 때는 늦게 잤습니다만, 최근에는 아침부터 일이라 빨리 잡니다.

4 大学生の時はお金がないからタクシーに乗りませんでしたが、今はタクシーも地下鉄もよく乗ります。
대학생 때는 돈이 없어서 택시를 타지 않았습니다만, 지금은 택시도 지하철도 자주 탑니다.

5 前は会社のみんなとよくお酒を飲みに行きましたが、最近はご飯だけ食べます。
전에는 회사 사람들과 자주 술을 마시러 갔었습니다만, 요즘은 밥만 먹습니다.

문법+ p.173

1.

おきる	일어나다	おきます	일어납니다	おきません	일어나지 않습니다
かう	사다	かいます	삽니다	かいません	사지 않습니다
くる	오다	きます	옵니다	きません	오지 않습니다
いく	가다	いきます	갑니다	いきません	가지 않습니다
ねる	자다	ねます	잡니다	ねません	자지 않습니다

2.

のむ	마시다	のみました	마셨습니다	のみませんでした	마시지 않았습니다
たべる	먹다	たべました	먹었습니다	たべませんでした	먹지 않았습니다
あそぶ	놀다	あそびました	놀았습니다	あそびませんでした	놀지 않았습니다
まつ	기다리다	まちました	기다렸습니다	まちませんでした	기다리지 않았습니다
する	하다	しました	했습니다	しませんでした	하지 않았습니다

12

문제로 확인하기 p.182

1. 1 和風 / わふう
2 音楽 / おんがく
3 買う / かう
4 食事 / しょくじ
5 買い物 / かいもの
6 お土産 / おみやげ

2. 1 が / ほしいです
2 聞(き)きながら / 買(か)い物(もの)
3 ① 買(か)いたくありません
② 買(か)いたくないです
4 ① に / 会(あ)いたくありませんでした
② に / 会(あ)いたくなかったです

5 食べながら / しました

6 が / ほしかったです

7 ① 行きたくありません

② 行きたくないです

3. 1 テレビを見ながらお茶が(を)飲みたいです。텔레비전을 보면서 차를 마시고 싶습니다.

2 掃除をしながら歌が(を)聴きたいです。청소를 하면서 음악을 듣고 싶습니다.

3 写真を見ながら手紙が(を)書きたいです。사진을 보면서 편지를 쓰고 싶습니다.

4 運転しながらデートが(を)したいです。운전을 하면서 데이트를 하고 싶습니다.

4. 1 현재 : 冷たい飲み物が欲しい。차가운 음료수를 마시고 싶다.

과거 : ケーキが食べたかった。케이크를 먹고 싶었다.

2 현재 : 地下鉄に乗るから車が欲しくない。지하철을 타기 때문에 자동차를 갖고 싶지 않다.

과거 : 車が欲しかった。자동차를 가지고 싶었다.

3 현재 : 友達とお揃いのバッグが買いたい。친구와 커플 가방을 사고 싶다.

과거 : 友達と同じものが欲しかった。친구와 같은 것을 갖고 싶었다.

4 현재 : 彼からの連絡が欲しい。그로부터의 연락을 원한다(기다린다).

과거 : 元カレに会いたくなかった。전남친을 만나고 싶지 않았다.

스크립트

1 昨日はおいしいケーキが食べたかったですが、今はケーキより冷たい飲み物が欲しいです。
어제는 맛있는 케이크를 먹고 싶었는데, 지금은 케이크보다 차가운 음료수를 마시고 싶습니다.

2 大学生の時は車が欲しかったですが、今は地下鉄に乗るからあまり欲しくありません。
대학생 때는 차를 가지고 싶었습니다만, 지금은 지하철을 타기 때문에 별로 갖고 싶지 않습니다.

3 学生の時、友達と同じものが欲しかったですが、今も友達とお揃いのバッグが買いたいです。
학생 때, 친구와 같은 물건이 갖고 싶었습니다만, 지금도 친구와 커플 가방을 사고 싶습니다.

4 前は元カレに会いたくなかったですが、今は彼からの連絡が欲しいです。
전에는 전남친을 만나고 싶지 않았습니다만, 지금은 그로부터의 연락을 원합니다(기다립니다).

독해+ **p.185**

문장 해석

어제는 치아키 씨의 집에 갔습니다.

역에서 가깝고 깨끗한 단독주택이었습니다.

치아키 씨는 저를 위해 맛있는 음식을 많이 만들었습니다.

일본요리는 한국에서도 먹었습니다만, 일본 분이 만든 가정요리는 매우 맛있었습니다.

집은 일본풍으로 매우 따뜻한 분위기였습니다.

지금까지 집을 꾸미는 것에 흥미가 없었습니다만, 매우 세련되고 훌륭했기 때문에 이제부터 꾸미고 싶습니다.

Q. 1. 치아키 씨는 나는 위해 음식을 만들었습니다만, 별로 맛있지 않았습니다. X

2. 나는 어제 일본요리를 처음 먹었습니다. X

3. 치아키 씨의 집은 세련되고 좋은 분위기였습니다. ○

13

문제로 확인하기 p.194

1. 1 町 / まち

2 道 / みち

3 返品 / へんぴん

4 点 / てん

5 飲み会 / のみかい

6 探す / さがす

2. 1 食(た)べ / やすい

2 読(よ)み / にくく / ありません(= ないです)

3 運転(うんてん)し / にくい

4 使(つか)い / やすかった

5 飲(の)み / すぎました

6 高(たか) / すぎ

3. 1 ① 大きい字は読みやすいです。큰 글씨는 읽기 쉽습니다.
② 小さい字は読みにくいです。작은 글씨는 읽기 어렵습니다.

2 ① 静かなところは集中しやすいです。조용한 곳은 집중하기 쉽습니다.
② うるさいところは集中しにくいです。시끄러운 곳은 집중하기 어렵습니다.

3 ① いっぱい食べる人は太りやすいです。많이 먹는 사람은 살찌기 쉽습니다.
② 少し食べる人は太りにくいです。적게 먹는 사람은 살찌기 어렵습니다.

4 ① 親切な先生は聞きやすいです。친절한 선생님은 질문하기 쉽습니다.
② 親切じゃない先生は聞きにくいです。친절하지 않은 선생님은 질문하기 어렵습니다.

5 話が速すぎました。말이 너무 빨랐어요.

6 彼は真面目すぎました。그는 너무 진지했어요.

7 お金を使いすぎました。돈은 너무 많이 썼어요.

8 グラウンドを走りすぎました。운동장을 너무 많이 달렸어요.

9 仕事が忙しすぎました。일이 너무 바빴어요.

10 料理を作りすぎました。요리를 너무 많이 만들었어요.

4. 1 ①　2 ②　3 ②　4 ②

스크립트

1 ① 食べすぎました。너무 많이 먹었습니다.
② 飲みすぎました。너무 많이 마셨습니다.
③ 話しすぎました。너무 많이 말했습니다.

2 ① かけすぎました。(전화, 옷 등을)너무 많이 걸었습니다.
② 買いすぎました。너무 많이 샀습니다.
③ 書きすぎました。너무 많이 썼습니다.

3 ① お箸が短くて食べにくいです。젓가락이 짧아서 먹기 힘듭니다.
② お箸が長くて食べにくいです。젓가락이 길어서 먹기 힘듭니다.
③ お箸がなくて食べにくいです。젓가락이 없어서 먹기 힘듭니다.

4 ① 新しいケータイだが使いやすくありません。새 휴대폰이지만, 사용하기 쉽지 않습니다.
② 新しいケータイだから使いやすいです。새 휴대폰이기 때문에 사용하기 편합니다.
③ 新しいケータイだけど使いやすくないです。새 휴대폰이지만, 사용하기 편하지 않습니다.

14

문제로 확인하기 p.206

1. 1 冬休み / ふゆやすみ

2 最高 / さいこう

3 予定 / よてい

4 組む / くむ

5 形 / かたち

6 撮影地 / さつえいち

2. 1 行って / ください

2 組んで / います

3 考えて / みます

4 勉強を / して / います

5 白い / 着て / います

6 結婚して / います

7 幸せな / 歌って / ください

3. 1 ピアノを弾いています。피아노를 치고 있습니다.

2 好きな番組を見ています。좋아하는 방송을 보고 있습니다.

3 新しい言語を習っています。새로운 언어를 배우고 있습니다.

4 A : 日本語で話してください。일본어로 말해 주세요.

B : 日本語で話してみます。일본어로 말해 볼게요.

5 A : ダンスを踊ってください。춤을 춰 주세요.

B : ダンスを踊ってみます。춤을 춰 볼게요.

6 A : 一曲歌ってください。한 곡 불러 주세요.

B : 一曲歌ってみます。한 곡 불러 볼게요.

4. 1 ③　2 ③　3 ①　4 ②

스크립트

1 A：金さん、今、勉強していますか。김 씨, 지금 공부하고 있어요?

B：いいえ、本を読んでいます。아니요, 책을 읽고 있어요.

A：何の本ですか。무슨 책이요?

B：韓国語の本です。日本でとても人気ですよ。한국어 책이요. 일본에서도 매우 인기가 있어요.

2 A：鈴木さん、毎朝何をしますか。스즈키 씨, 매일 아침 무엇을 합니까?

B：毎朝ジョギングをして、たまに朝ごはんを食べます。매일 아침 조깅을 하고, 가끔 아침밥을 먹습니다.

A：朝ごはんを毎日食べることは大変ですね。아침밥을 매일 먹는 것은 힘들죠.

3 A：木村さん、今何を飲んでいますか。기무라 씨, 지금 무엇을 마시고 있습니까?

B：日本のウィスキーを飲んでいます。일본 위스키를 마시고 있습니다.

A：お酒が好きですか。술을 좋아하나요?

B：いいえ、好きではないけど、たまに飲みます。아니요, 좋아하지는 않지만, 가끔 마셔요.

4 A：山口さんは家で料理を作りますか。야마구치 씨는 집에서 요리는 만듭니까?

B：週末はいつも作っています。주말에는 항상 만들고 있어요.

A：料理が上手ですか。요리는 잘하나요?

B：得意ではないですが、趣味でいろんな料理を作っています。
잘하지는 않지만, 취미로 여러 가지 만들고 있어요.

문법+

p.210

①	くんで	짜고, 짜서, 짜
②	にて	닮고, 닮아서, 닮아
③	つくって	만들고, 만들어서, 만들어
④	して	하고, 해서, 해
⑤	かえって	돌아가고, 돌아가서, 돌아가
⑥	きて	오고, 와서, 와
⑦	かして	빌려주고, 빌려줘서, 빌려줘
⑧	かいて	쓰고, 써서, 써

15

문제로 확인하기 **p.218**

1. 1 痩せる / やせる

2 太る / ふとる

3 動かす / うごかす

4 続く / つづく

5 嘘 / うそ

6 夜遅く / よるおそく

2. 1 ついては / いけません

2 トイレに / 行っても / いいですか

3 帰って / ほしいです

4 つい / 食べて / しまいました

5 やせて / ほしいです

6 声 / おしゃべり / しては / いけません

7 話 / 信じても / いいです

3. 1 A : テーブルの上のお菓子はどこにありますか。테이블 위의 과자는 어디에 있습니까?

B : もう、食べてしまいました。벌써 먹어 버렸습니다.

2 A : 子供のおもちゃはどこにありますか。아이의 장난감은 어디에 있습니까?

B : もう、片付けてしまいました。벌써 정리해 버렸습니다.

3 A : 手紙はどこにありますか。편지는 어디에 있습니까?

B : もう、送ってしまいました。벌써 보내 버렸습니다.

4 A : 日本語で話してもいいですか。일본어로 이야기해도 됩니까?

B : いいえ、日本語で話してはいけません。아니요, 일본어로 이야기해서는 안 됩니다.

5 A : 部屋の中で楽器を弾いてもいいですか。방 안에서 악기를 연주해도 됩니까?

B : いいえ、楽器を弾いてはいけません。아니요, 악기를 연주해서는 안 됩니다.

6 A : 空いている席に座ってもいいですか。비어 있는 자리에 앉아도 됩니까?

B : いいえ、座ってはいけません。아니요, 앉아서는 안 됩니다.

4. ① X ② X ③ X ④ O

스크립트

① A：ここでタバコを吸(す)ってもいいですか。여기서 담배를 피워도 됩니까?
B：いいえ、ここでは吸(す)ってはいけません。外(そと)では吸(す)ってもいいです。
아니요, 여기서는 피워서는 안 됩니다. 밖에서는 피워도 됩니다.

② A：クーラーをつけてもいいですか。에어컨을 틀어도 됩니까?
B：寒(さむ)い人(ひと)もいるからつけてはいけません。추운 사람도 있기 때문에 틀어서는 안 됩니다.

③ A：もう、家(いえ)に帰(かえ)ってもいいですか。이제 집에 돌아가도 됩니까?
B：5分(ごふん)だけ待(ま)ってください。5분만 기다려 주세요.

④ A：今(いま)、このお酒(さけ)を飲(の)んでもいいですか。지금, 이 술을 마셔도 됩니까?
B：今(いま)は大丈夫(だいじょうぶ)ですが、運転(うんてん)する時(とき)は飲(の)んではいけません。
지금은 괜찮습니다만, 운전할 때는 마시면 안 됩니다.

독해+ p.222

문장 해석

저는 회사에 다니고 있는 3년차 회사원입니다.
저는 사랑에 빠지기 쉬운 타입입니다만….
요전에 서류를 옮길 때, 조금 무거웠기 때문에 선배에게 '조금 도와주세요'라고 말했습니다.
그랬더니 친절한 얼굴로 '여성은 무거운 물건을 들면 안 돼요'라고 말하며 선배는 모든 서류를 제 대신에 옮겼습니다.
이때, 저는 선배에게 반하고 말았습니다.
요즘은 선배의 모든 것이 멋있어서, 말을 걸기 어렵습니다.
하지만, 좋아하기 때문에 몰래 선배를 보고 맙니다.
이런 저, 선배에게 고백해도 좋을까요?

16

문제로 확인하기 **p.230**

1. 1 注文 / ちゅうもん
2 選択 / せんたく
3 方法 / ほうほう
4 炊く / たく
5 冷凍 / れいとう
6 三日分 / みっかぶん

2. 1 食べてから
2 天気 / いい日 / 開けて / おきます
3 冷凍して / おきます(おく)
4 読んでも / ありません(=ないです)
5 話しても
6 働いてから
7 注文して / おきます

3. 1 レポートを書いてからファイルに保存しておきます。 리포트를 쓰고 나서 파일에 저장해 둡니다.
2 遊んでから片付けておきます。 놀고 나서 정리해 둡니다.
3 洗濯してから干しておきます。 빨래를 하고 나서 말려 둡니다.
4 ほうきで掃いてからぞうきんで拭いておきます。 빗자루로 쓸고 나서 걸레로 닦아 둡니다.
5 ３年間習っても理解できません。 3년간 배워도 이해할 수 없습니다.
6 働いても疲れません。 일해도 피곤하지 않습니다.
7 高いバッグを買ってもうれしくありません。 비싼 가방을 사도 기쁘지 않습니다.
8 病院に行っても治りません。 병원에 가도 낫지 않습니다.
9 お酒を飲んでも酔いません。 술을 마셔도 취하지 않습니다.
10 メッセージを送っても返事が来ません。 메시지를 보내도 답장이 오지 않습니다.

4. 1 ① あ　② さ　　① 밥을 먹다 ② 메일을 보내다

2 ① あ　② さ　　① 냉장고에 넣다 ② 30분 기다리다

3 ① あ　② さ　　① 선생님이 계신 곳으로 가다 ② 정리하다

4 ① さ　② あ　　① 밥을 짓다 ② 외출하다

스크립트

1 A：鈴木さん、今ご飯食べてもいいですか。 스즈키 씨, 지금 밥을 먹어도 됩니까?

B：このメールを送ってから食べてください。 이 메일을 보내고 나서 먹어 주세요.

2 A：これは冷蔵庫に入れますね。 이것은 냉장고에 넣을게요.

B：今は熱いから30分経ってから入れましょう。 지금은 뜨거우니까 30분 지나면 넣읍시다.

3 A：先生のところに行ってきます。 선생님 계신 곳에 다녀오겠습니다.

B：今行っても先生はいませんからちょっとここを片付けてから行きましょう。
지금 가도 선생님은 안 계시기 때문에 조금 여기를 정리해고 나서 갑시다.

4 A：今、ご飯炊きますか。どうしましょうか。 지금 밥을 지을까요? 어떻게 할까요?

B：そうですね。そろそろ子供が帰ってくるから、今炊いておいて出かけましょう。
그래요. 슬슬 아이가 오기 때문에, 지금 지어 두고 외출합시다.

17

문제로 확인하기 p.242

1. 1 磨く / みがく

2 落ち着く / おちつく

3 疲れる / つかれる

4 過ごす / すごす

5 結構 / けっこう

6 作文 / さくぶん

2. 1 見たり / 読んだり / します

2 覚えたり / 書いたり / します

3 磨いた / 後で / 食べます

4 帰ってきた / ところ

5 浴びた / 後で

6 前に / 浴びます

7 遊んだり / 買い物 / したり

3. 1 A : 어제 저녁에는 무엇을 했습니까?

B : 宿題をしたり、テレビを見たりしました。숙제를 하거나 텔레비전을 보거나 했습니다.

2 A : 이번 주말에는 무엇을 합니까?

B : お風呂に入ったり、サウナに行ったりします。목욕을 하거나 사우나에 가거나 합니다.

3 A : 데이트할 때에 무엇을 합니까?

B : 一緒に料理を作ったり、遠出したりします。같이 요리를 만들거나 멀리 나가거나 합니다.

4 ① 歯を磨いた後で体を洗います。이를 닦은 후에 몸을 닦습니다.

② 体を洗った後で歯を磨きます。몸을 닦은 후에 이를 닦습니다.

5 ① シャワーを浴びた後でゲームをします。샤워를 한 후에 게임을 합니다.

② ゲームをした後でシャワーを浴びます。게임을 한 후에 샤워를 합니다.

6 ① 友達の家に寄った後で、買い物に行きます。친구 집에 들른 후에 쇼핑을 갑니다.

② 買い物に行った後で、友達の家に寄ります。쇼핑을 간 후에 친구 집에 들릅니다.

4. 1 ① ま ② あ　① 밥을 먹다 ② 이를 닦다

2 ① ま ② あ　① 출근하다 ② 커피를 마시다

3 ① あ ② ま　① 아침밥을 먹다 ② 운동하다

4 ① ま ② あ　① 단어를 외우다 ② 문법을 공부하다

스크립트

1 A : 鈴木さんは歯を磨いた後で、ご飯を食べますか。스즈키 씨는 이를 닦은 후에 밥을 먹습니까?

B : 私はまずご飯を食べた後で、歯を磨きますね。나는 먼저 밥을 먹은 후에 이를 닦습니다.

2 A : 私は出勤する前にコーヒーを飲みますが、鈴木さんはどうですか。

나는 출근하기 전에 커피를 마십니다만, 스즈키 씨는 어떻습니까?

B : 私はその逆です。나는 그 반대입니다.

3 A：鈴木さんは普段、いつ運動しますか。스즈키 씨는 보통 언제 운동합니까?
B：忙しい時は夕食を食べた後で運動しますが、いつもは朝ご飯を食べる前に運動します。
바쁠 때는 저녁을 먹은 후에 운동합니다만, 보통은 아침을 먹기 전에 운동합니다.

4 A：鈴木さんは外国語を勉強する時、どうしますか。
스즈키 씨는 외국어 공부를 할 때, 어떻게 합니까?
B：文法、単語どちらも重要ですが、単語を覚えた後で文法を勉強します。
문법, 단어 모두 중요합니다만, 단어를 외운 후에 문법을 공부합니다.

문법+ p.246

①	よんだ	읽었다	よみました	읽었습니다
②	でかけた	외출했다	でかけました	외출했습니다
③	つくった	만들었다	つくりました	만들었습니다
④	あそんだ	놀았다	あそびました	놀았습니다
⑤	かえった	돌아갔다 (집, 고향에)	かえりました	돌아갔습니다
⑥	きた	왔다	きました	왔습니다
⑦	まった	기다렸다	まちました	기다렸습니다
⑧	およいだ	헤엄쳤다	およぎました	헤엄쳤습니다

18

문제로 확인하기 p.254

1. 1 積む / つむ
2 経験 / けいけん
3 配る / くばる
4 働く / はたらく
5 気になる / きになる
6 憧れ / あこがれ

2. 1 した / ことが / あります
2 書く / ことが / できます
3 する / ことが / できません

4 飲(の)んだ / 方(ほう)が

5 話(はな)す / ことが / できました

6 飲(の)んだ / ことが / ありません

7 切(き)った / ことが / ありました

3. 1 Q : 혼자서 여행한 적이 있습니까?

① 一人(ひとり)で旅行(りょこう)したことがあります。혼자서 여행한 적이 있습니다.

② 一人(ひとり)で旅行(りょこう)したことがありません。혼자서 여행한 적이 없습니다.

③ 一人(ひとり)で旅行(りょこう)したことがありました。혼자서 여행한 적이 있었습니다.

④ 一人(ひとり)で旅行(りょこう)したことがありませんでした。혼자서 여행한 적이 없었습니다.

2 Q : 해외에서 아르바이트한 적이 있습니까?

① 海外(かいがい)でアルバイトしたことがあります。해외에서 아르바이트한 적이 있습니다.

② 海外(かいがい)でアルバイトしたことがありません。해외에서 아르바이트한 적이 없습니다.

③ 海外(かいがい)でアルバイトしたことがありました。해외에서 아르바이트한 적이 있었습니다.

④ 海外(かいがい)でアルバイトしたことがありませんでした。해외에서 아르바이트한 적이 없었습니다.

3 Q : 애인에게 화낸 적이 있습니까?

① 恋人(こいびと)に怒(おこ)ったことがあります。애인에게 화낸 적이 있습니다.

② 恋人(こいびと)に怒(おこ)ったことがありません。애인에게 화낸 적이 없습니다.

③ 恋人(こいびと)に怒(おこ)ったことがありました。애인에게 화낸 적이 있었습니다.

④ 恋人(こいびと)に怒(おこ)ったことがありませんでした。애인에게 화낸 적이 없었습니다.

4 分(わ)からない問題(もんだい)がある時(とき)は、先生(せんせい)に聞(き)いた方(ほう)がいいです。
모르는 문제가 있을 때는 선생님에게 묻는 편이 좋습니다.

5 疲(つか)れる時(とき)は、ゆっくり休(やす)んだ方(ほう)がいいです。
피곤할 때는 느긋하게 쉬는 편이 좋습니다.

6 物(もの)を借(か)りる時(とき)は、ちゃんとお礼(れい)を言(い)った方(ほう)がいいです。
물건을 빌릴 때는 제대로 예의를 표하는 편이 좋습니다.

4. 1 X　2 X　3 X　4 X

스크립트

1 A：キムさんは日本旅行に行ったことがありますか。김 씨는 일본여행을 간 적이 있습니까?
B：日本語の勉強は３年間してきましたが、まだ旅行したことがありません。
일본어 공부는 3년간 해 왔습니다만, 아직 여행을 한 적이 없습니다.

2 A：キムさんは高校の時、付き合ったことがありますか。김 씨는 고등학교 때, 사귄 적이 있습니까?
B：私は大学の時、初めて付き合いました。나는 대학교 때, 처음으로 사귀었습니다.

3 A：お母さんのために料理を作ったことがありますか。어머니를 위해 요리를 만든 적이 있습니까?
B：料理を作ったことはありませんでしたが、服をプレゼントしたことがあります。
요리는 만든 적은 없었습니다만, 옷을 선물을 적이 있습니다.

4 A：海外で運転したことがありますか。해외에서 운전한 적이 있습니까?
B：今まで運転したことはありませんが、来月の日本旅行で初めて運転します。
지금까지 운전한 적이 없습니다만, 다음달에 일본여행에서 처음으로 운전합니다.

19

문제로 확인하기 p.266

1. 1 風邪 / かぜ
2 体調 / たいちょう
3 薬 / くすり
4 喉 / のど
5 無理 / むり
6 吸う / すう

2. 1 出かけないで / ください
2 入らない / 方が / いいです
3 吸わないで / ください
4 話さないで / ください
5 起きない / 方が / いいです
6 怒らない / 方が / いいです
7 行かない / 方が / いいです

3. 1 つらい(です)からそのことは言わないでください。
괴로우니까 그 일은 말하지 말아 주세요.

2 真剣だ(です)からいたずらをしないでください。
진지하니까 장난을 치지 말아 주세요.

3 急いでいる(います)から邪魔しないでください。
서두르고 있으니까 방해하지 말아 주세요.

4 暑い(です)から上着を着ない方がいいです。
더우니까 겉옷을 입지 않는 편이 좋아요.

5 危ない(です)から切らない方がいいです。
위험하니까 자르지 않는 편이 좋아요.

6 足りない(です)からたくさん使わない方がいいです。
부족하니까 많이 사용하지 않는 편이 좋아요.

4. 1 ② 2 ② 3 ① 4 ③

1 ① 침대에서 자는 것
② 큰 소리로 말하는 것
③ 텔레비전을 보는 것

2 ① 오늘은 교실에 들어가지 않을 것
② 지금 교실에 들어가는 것
③ 20분 후에 교실에 들어가는 것

3 ① 그와 사귀는 것
② 그의 소문을 퍼뜨리는 것
③ 공부를 하는 것

4 ① 술을 마시는 것
② 지금 담배를 피우는 것
③ 그녀 앞에서 피우는 것

스크립트

1 A：ベッドで子供が寝ているから、大きい声で話さないでください。
침대에서 아이가 자고 있으니까, 큰 소리로 말하지 말아 주세요.

B：テレビは見てもいいですか。텔레비전을 봐도 됩니까?

A：ボリュームを小さくしてください。볼륨을 작게 해 주세요.

2 A：教室に入ってもいいですか。교실에 들어가도 되나요?

B：今はテスト中だから入らないでください。지금은 시험 중이기 때문에 들어가지 말아 주세요.

A：いつ入ってもいいですか。언제 들어가도 되나요?

B：20分後ですね。20분 후입니다.

3 A：彼と付き合った方がいいですか。그와 사귀는 편이 좋을까요?

B：彼はいろいろ噂があるから付き合わない方がいいです。
그는 여러 가지 소문이 있기 때문에 사귀지 않는 편이 좋아요.

A：でも、とても好きです。하지만, 매우 좋아해요.

B：ダメです。今は勉強をする時期ですよ。안 돼요. 지금은 공부를 할 시기예요.

4 A：ここでお酒を飲んでもいいですか。여기서 술을 마셔도 됩니까?

B：ここは大丈夫です。여기는 괜찮습니다.

A：今、タバコを吸ってもいいですか。지금 담배를 피워도 됩니까?

B：ええ、大丈夫です。でも、彼女の前で吸わないでください。
네, 괜찮습니다. 하지만 그녀 앞에서 피우지 말아 주세요.

문법+ p.270

①	あわない	만나지 않다	あいません	만나지 않습니다
②	いない	없다 (사람, 동물)	いません	없습니다
③	つくらない	만들지 않다	つくりません	만들지 않습니다
④	しない	하지 않다	しません	하지 않습니다
⑤	かえらない	돌아가지 않다 (집, 고향에)	かえりません	돌아가지 않습니다
⑥	こない	오지 않다	きません	오지 않습니다
⑦	かさない	빌려주지 않다	かしません	빌려주지 않습니다
⑧	かかない	쓰지 않다	かきません	쓰지 않습니다
⑨	ない	없다 (식물, 사물)	ありません	없습니다
⑩	すわらない	앉지 않다	すわりません	앉지 않습니다

20

문제로 확인하기

p.278

1. 1 頻繁だ / ひんぱんだ

2 美術 / びじゅつ

3 専攻 / せんこう

4 作業 / さぎょう

5 申請 / しんせい

6 提出 / ていしゅつ

2. 1 おいしく

2 短(みじか)く / 切(き)った / 方(ほう)が

3 忙(いそが)しく / 働(はたら)いた / ことが

4 きれいに

5 簡単(かんたん)に / 書(か)いて

6 大(おお)きく / 作(つく)っては

3. 1

考(かんが)える 생각하다	考(かんが)えます 생각합니다
考(かんが)えない 생각하지 않다	考(かんが)えません 생각하지 않습니다
考(かんが)えた 생각했다	考(かんが)えました 생각했습니다
考(かんが)えなかった 생각하지 않았다	考(かんが)えませんでした 생각하지 않았습니다

2

学(まな)ぶ 배우다	学(まな)びます 배웁니다
学(まな)ばない 배우지 않다	学(まな)びません 배우지 않습니다
学(まな)んだ 배웠다	学(まな)びました 배웠습니다
学(まな)ばなかった 배우지 않았다	学(まな)びませんでした 배우지 않았습니다

3

走(はし)る 달리다	走(はし)ります 달립니다
走(はし)らない 달리지 않다	走(はし)りません 달리지 않습니다
走(はし)った 달렸다	走(はし)りました 달렸습니다
走(はし)らなかった 달리지 않았다	走(はし)りませんでした 달리지 않았습니다

4 점원에게 펜을 빌리다.

① 店員からペンを借りません。 점원에게 펜을 빌리지 않습니다.

② 店員からペンを借りない。 점원에게 펜을 빌리지 않는다.

5 큰 소리로 천천히 말하다.

① 大きい声でゆっくり話しました。 큰 소리로 천천히 말했습니다.

② 大きい声でゆっくり話した。 큰 소리로 천천히 말했다.

6 상품을 정중하게 건네다.

① 商品を丁寧に渡しませんでした。 상품을 정중하게 건네지 않았습니다.

② 商品を丁寧に渡さなかった。 상품을 정중하게 건네지 않았다.

4. 1 과거 : お菓子をよく食べた。 과자를 잘 먹었다.

현재 : ご飯をちゃんと食べている。 밥을 잘 먹고 있다.

2 과거 : アイドルのグッズを高くても買った。 아이돌 상품을 비싸도 샀다.

현재 : アイドルのグッズをお金がないから買わない。 아이돌 상품을 돈이 없기 때문에 사지 않는다.

3 과거 : 寒くて運動できなかった。 추워서 운동할 수 없었다.

현재 : 暖かいからジョギングする予定だ。 따뜻하기 때문에 조깅할 예정이다.

4 과거 : 日本では甘いものをたくさん食べた。 일본에서는 단것을 많이 먹었다.

현재 : 韓国に来てからは辛い物を食べている。 한국에 와서부터는 매운 것을 먹고 있다.

스크립트

1 子供の時はお菓子をよく食べましたが、今はお菓子が好きじゃないからご飯をちゃんと食べています。
어릴 때는 과자를 자주 먹었습니다만, 지금은 과자를 좋아하지 않기 때문에 밥을 잘 먹고 있습니다.

2 前はアイドルのグッズを高くても買いましたが、今はお金がないから買わないです。
전에는 아이돌 상품을 비싸도 샀습니다만, 지금은 돈이 없기 때문에 사지 않습니다.

3 昨日は寒くて運動することができませんでしたが、今日は暖かいからジョギングをする予定です。
어제는 추워서 운동할 수가 없었습니다만, 오늘은 따뜻하게 때문에 조깅을 할 예정입니다.

4 日本に住んでいた時は甘いものをたくさん食べましたが、韓国に来てからは辛いものをもっと食べています。 일본에 살고 있을 때는 단것을 많이 먹었습니다만, 한국에 와서부터는 매운 것을 더 먹고 있습니다.

문장 해석

〈고로케 만드는 법〉

오늘은 고로케를 만듭니다.

재료는 감자, 달걀, 밀가루, 그리고 빵가루입니다.

우선, 감자는 삶은 다음 으깨 둡니다.

삶은 감자를 뭉쳐서 밀가루를 묻힙니다. 그리고 달걀을 깹니다만,

달걀은 잘 푸는 것이 좋습니다.

예전에 달걀을 잘 풀지 않아서 실패한 적이 있습니다.

달걀을 잘 풀어둔 후에 감자에 달걀과 빵가루를 묻힙니다.

그리고 마지막으로 기름에 튀깁니다. 이것으로 완성입니다.

재료를 추가해서 여러 가지 고로케를 만들 수 있습니다.

참고로 저는 치즈를 넣어 만드는 것을 좋아합니다.

맞다! 많이 먹지는 말아 주세요. 튀김은 살쪄 버리니까요!

memo